AF635636

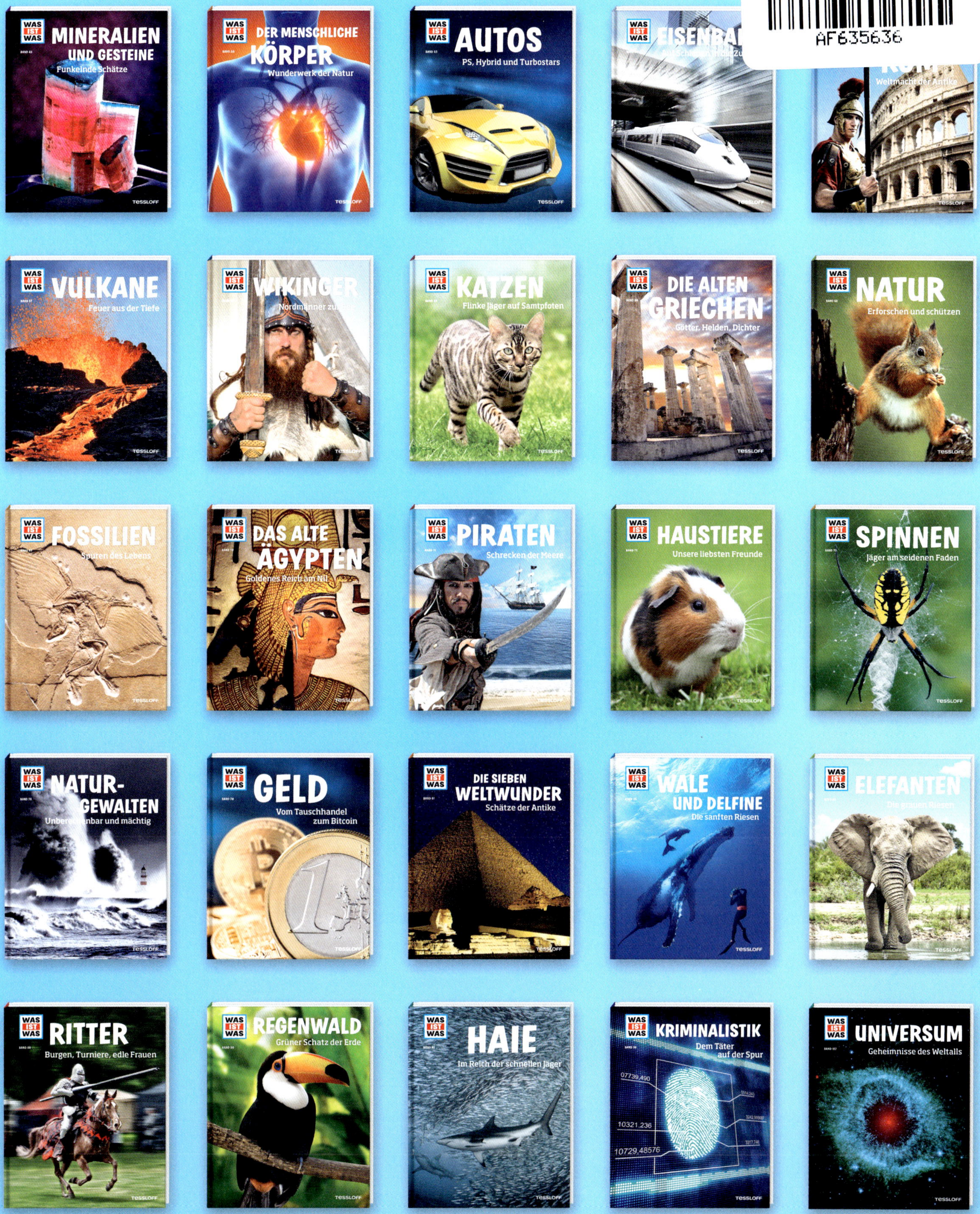
WAS IST WAS
MINERALIEN UND GESTEINE
Funkelnde Schätze
TESSLOFF
DER MENSCHLICHE KÖRPER
Wunderwerk der Natur
AUTOS
PS, Hybrid und Turbostars
VULKANE
Feuer aus der Tiefe
WIKINGER
KATZEN
Flinke Jäger auf Samtpfoten
DIE ALTEN GRIECHEN
Götter, Helden, Dichter
NATUR
Erforschen und schützen
FOSSILIEN
Spuren des Lebens
DAS ALTE ÄGYPTEN
Goldenes Reich am Nil
PIRATEN
Schrecken der Meere
HAUSTIERE
Unsere liebsten Freunde
SPINNEN
Jäger am seidenen Faden
NATUR-GEWALTEN
GELD
Vom Tauschhandel zum Bitcoin
DIE SIEBEN WELTWUNDER
Schätze der Antike
WALE UND DELFINE
Die sanften Riesen
ELEFANTEN
RITTER
Burgen, Turniere, edle Frauen
REGENWALD
Grüner Schatz der Erde
HAIE
Im Reich der schnellen Jäger
KRIMINALISTIK
Dem Täter auf der Spur
UNIVERSUM
Geheimnisse des Weltalls

WAS IST WAS

Alexandra Rigos

INSEKTEN

Überlebenskünstler auf sechs Beinen

TESSLOFF

Hier siehst du, wo du bist!

Wo ist was?

Seite 21

Tarnen und Täuschen sind lebenswichtige Künste im Reich der Insekten.

Seite 19

Raupen warnen mit knalligen Farben: Lass mich in Ruhe, ich bin giftig!

Fliegen erkennt man an ihren besonders großen Komplexaugen.

Seite 10

Seite 7

Hirschkäfer lieben alte Eichenwälder mit morschem Holz.

Die mit ▶ markierten Seiten könnten dich besonders interessieren!

Seite 15

Libellen gehören zu den ältesten Insekten. In der Urzeit wurden sie viel größer als heute.

Seite 29

Der Pillendreher wurde von den alten Ägyptern als göttlicher Skarabäus verehrt.

28 Die Vielfalt der Insekten

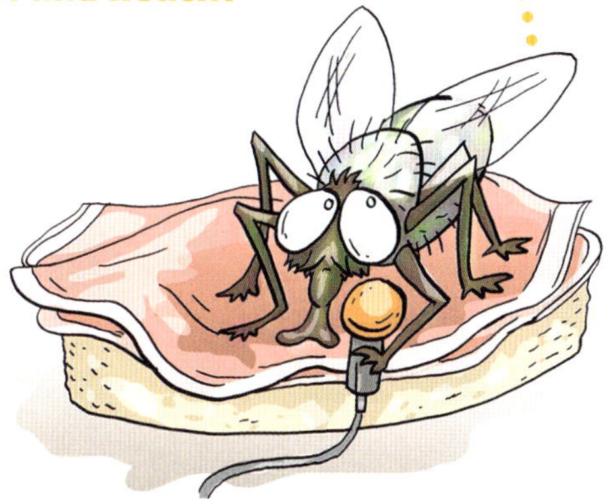

Seite 35

Was sagt eine Stubenfliege zum Thema »Hygiene«? Immer schön die Hände waschen!

Seite 30

Schmetterlinge sind eine der schönsten und artenreichsten Insektengruppen.

Seite 41

Da es immer weniger Bienen gibt, werden Obstblüten mancherorts von Hand bestäubt.

40 Mensch und Insekt

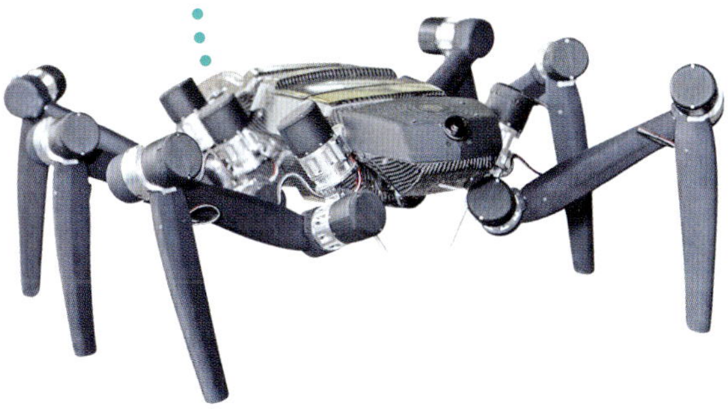

Seite 44

Die Stabheuschrecke diente Ingenieuren als Vorbild für einen Laufroboter.

48 Glossar

Hier findest du die wichtigsten Begriffe kurz erklärt.

Name: Michael Ohl
Beruf: Insektenforscher
Hobbys: Bücher über Wissenschaft schreiben, Reisen

Michael Ohl studiert seine Wespen am liebsten in aller Ruhe im Museum.

Von wegen eklig!

Wie sieht deine Arbeit als Insektenforscher aus?

Ich bin nicht so der Mensch, der draußen im Feld Tiere beobachtet. Vielleicht fehlt mir da die Geduld. Lebende Tiere sind so unberechenbar. Ich sitze lieber im Museum und studiere die Insekten in unserer Sammlung. Auch wenn die tot sind, erzählen sie enorm viel darüber, wie sie leben. Mich begeistert diese unglaubliche Vielfalt. Mein Spezialgebiet sind Wespen. Ich möchte herausfinden, welche Arten von Wespen es auf der Welt gibt.

Wie bist du dazu gekommen?

Schon als Sechsjähriger wollte ich Biologe werden. Anfangs habe ich mich mehr für Spinnen interessiert und auch welche in meinem Zimmer gehalten. Dann habe ich herausgefunden, dass es Wespen gibt, die Spinnen jagen und an ihren Nachwuchs verfüttern. Das fand ich spannend. Schnell habe ich gemerkt, wie vielfältig diese Wespen sind, wie verschieden ihre Farben sind, ihre Formen, ihre Lebensweise. Allein von den Grabwespen, zu denen ich arbeite, gibt es etwa 10 000 bekannte Arten und vermutlich sind noch viele Tausend nicht entdeckt.

Muss man denn jede einzelne Wespenart kennen?

Ich bin einfach ein neugieriger Mensch. Ich möchte wissen, mit welchen Lebewesen wir diesen Planeten teilen. Erst wenn man weiß, was es alles gibt, kann man sich Gedanken darüber machen, warum das so ist und wie es funktioniert. Und nur wenn man weiß, welche Arten wo leben, kann man sich über ihren Schutz Gedanken machen. Wir leben ja leider in einer Zeit, in der viele Tiere aussterben.

Manchmal geht Michael Ohl auch auf eine Expedition. Hier ist er mit seinem Sohn auf Wespenfang im Tropenwald.

Amazonas

Was uns ohne Insekten fehlen würde

In einer Welt ohne Insekten hätten wir weder Honig auf dem Frühstücksbrötchen noch Ketchup für die Pommes. Tomaten bilden sich nämlich nur, wenn Insekten die Blüten befruchten. Auf viele andere Obst- und Gemüsesorten wie Äpfel, Erdbeeren, Paprika und Gurken müssten wir ebenfalls verzichten. Überhaupt gäbe es gar keine Blumen, weil fast alle auffällig blühenden Pflanzen von Insekten bestäubt werden. Spinnen, Eidechsen und Frösche müssten ohne die Krabbeltiere verhungern. Und unsere Singvögel würden verstummen, da sie ihre Jungen mit Insekten füttern.

Ohne Bienen oder andere Bestäuber würde diese Erdbeerpflanze kaum Früchte tragen.

Amphibien wie dieser Laubfrosch sind auf Insekten als Nahrung angewiesen.

Viele Singvögel wie die Blaumeise ernähren sich von Insekten. Doch selbst Körnerfresser benötigen Krabbeltiere, um ihre Jungen aufzuziehen.

Hast du selbst schon neue Arten entdeckt?

Ja, ungefähr 30. Etwas zu finden, was noch nie jemand gesehen hat, ist immer besonders aufregend. Schön ist auch, dass man der neuen Art einen Namen geben darf. Einmal haben wir eine Wespe aus Thailand nach den Dementoren benannt, diesen Geistern aus »Harry Potter«, die ihren Opfern die Seele aussaugen. Sie heißt Ampulex dementor. Manche Ampulex-Arten verwandeln ihre Opfer nämlich durch einen Stich in Zombies, damit ihre Larven sie auffressen können.

Kein Wunder, dass viele Leute Insekten eklig finden ...

Ganz ehrlich, ich finde Insekten überhaupt nicht eklig. Man muss nur genau hinschauen; dann sieht man, wie faszinierend sie sind. Selbst hier in Deutschland findet man Insekten, die so bunt, so schön und formenreich sind, wie man es nur in den Tropen vermutet.

Schausammlungen mit toten, säuberlich aufgespießten Insekten sind nicht jedermanns Sache, aber wichtig für die Wissenschaft.

Du hast vier Kinder. Begeistern die sich auch so für Insekten?

Für meine Kinder sind Insekten selbstverständlich, sie wachsen ja mit dem Thema auf. Mein 15-jähriger Sohn interessiert sich ganz besonders für Insekten und Spinnen. Sein Zimmer steht voller Terrarien mit tropischen Spinnen. Ich finde das schön. Eltern sollten es unterstützen, wenn ihre Kinder sich für etwas begeistern.

Sagenhafte Vielfalt

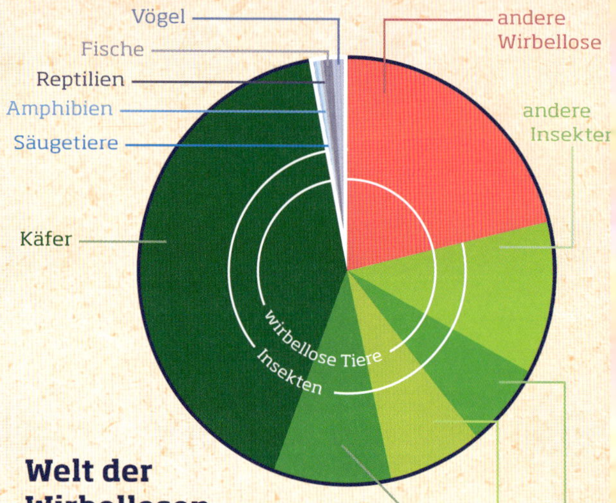

Welt der Wirbellosen

Etwa drei Viertel der fast 1,5 Millionen bekannten Tierarten sind Insekten. Ein Fünftel machen andere wirbellose Tiere aus, von denen viele, wie Spinnen und Krebse, nahe mit den Insekten verwandt sind. Wirbeltiere tragen nur mit schlappen vier Prozent zur Artenvielfalt bei.

Der britische Biologe John Haldane erforschte die Gesetze der Evolution.

John Haldane war ein berühmter britischer Naturforscher, dem wir wichtige Erkenntnisse der Vererbungslehre verdanken. Einmal wurde er von einem frommen Menschen gefragt, was man aus seiner Arbeit über Gott lernen könne. Haldane antwortete trocken: »Gott muss eine besondere Vorliebe für Käfer haben.« Ob diese Geschichte nun stimmt oder nur gut erfunden ist – fest steht, dass es von keiner Tiergruppe auch nur annähernd so viele Arten gibt wie von den Käfern. Mit einigem Abstand folgen Schmetterlinge, Hautflügler (also Bienen und Wespen) und Zweiflügler, zu denen die Fliegen und Mücken gehören. Aber auch die übrigen Insektengruppen überflügeln uns Säugetiere, die Vögel, Reptilien, Amphibien und Fische locker: Den gut 63 000 Wirbeltierarten stehen etwa 900 000 Insektenspezies gegenüber, die bislang wissenschaftlich erfasst sind.

Doch einen großen Teil der Kerbtiere kennen wir noch gar nicht, weil sie unentdeckt in tropischen Regenwäldern oder anderen abgelegenen Lebensräumen herumwuseln. Selbst vor unserer Haustür entdecken Forscher noch immer neue Sechsbeiner. Schätzungen gehen insgesamt von bis zu zehn Millionen Arten aus.

Erfolg durch Anpassung

Warum bevölkern gerade Insekten die Welt in einer so unglaublichen Vielfalt? Ein Grund ist sicherlich ihre Anpassungsfähigkeit. Insekten leben in heißen Wüsten und in der eisigen Antarktis, unter Wasser und im Erdreich, in üppigen Dschungeln, salzigen Mangrovensümpfen und auf kahlen Berggipfeln. Wo immer du hinkommst – wenn du dich genau umschaust, wirst du auf Insekten stoßen. Nur im offenen Meer gibt es (fast) keine Kerbtiere. Der Grund ist vermutlich, dass sie nicht dauerhaft unter Wasser bleiben können, da sie ja keine Kiemen besitzen. Sie müssten also regelmäßig auftauchen, um Luft zu tanken. Da es an der Meeresoberfläche aber keine Verstecke gibt, wären die Insekten dort leichte Beute für Fische und Vögel. Doch keine Regel ohne Ausnahme: Einige Läuse, die Robben und Seelöwen befallen, tummeln sich dennoch im Ozean. Und auch Meerwasserläufer wurden schon auf hoher See gesichtet, obwohl sie meist in Küstennähe leben.

Ein Heer von Spezialisten

Auch was ihre Ernährung angeht, zeigen sich Insekten ungeheuer vielseitig. Es gibt wohl keinen Stoff organischer Herkunft, der nicht irgendeinem Kerbtier als Leibspeise dient – von Blütenpollen und zartem Blattgrün über Holz und Wolle bis hin zu Blut, Aas und Kot. Unter den Insekten finden sich massenhaft Spezialisten, die sich auf eine ganz bestimmte Kost verlegt haben. Weil sich damit unzählige ökologische Nischen auftun, treibt das die Zahl der Arten in die Höhe.

Funny Fact

Schwimmen im Erdöl

Einen besonders unwirtlichen Lebensraum hat sich die Petroleumfliege ausgesucht: Ihre Larven tummeln sich tatsächlich in Erdöltümpeln. Sie atmen durch eine Art Schnorchel und fressen andere Insekten, die hilflos auf der Öllache treiben. Das giftige Petroleum, das sie dabei aufnehmen, schadet ihnen nicht. In ihrem Darm leben Bakterien, die Erdöl abbauen.

Gebirge

Der Sommer im Hochgebirge ist kurz. Dennoch trifft man dort auf so zarte Insekten wie den Alpenapollo.

Der Gletschergast lebt auf dem blanken Eis.

Gletscher

Selbst im ewigen Eis der Gletscher und in der Antarktis findet man Insekten, vor allem Mücken und Springschwänze.

Der Giraffenhalskäfer zählt zu den vielen merkwürdigen Bewohnern des Tropenwalds.

Regenwald

Kein anderer Lebensraum beherbergt so viele Insektenarten wie der tropische Regenwald. Die meisten von ihnen hat noch kein Forscher zu Gesicht bekommen.

Wald

Auch die mitteleuropäischen Wälder sind reich an Insekten. Die Hügel der Waldameisen sind bei uns ein häufiger Anblick.

Die spektakulären Hirschkäfer leben gern in alten Eichenwäldern.

Süßwasser

Unter Wasser hat es relativ wenige Insekten verschlagen. Der Gelbrandkäfer jedoch ist ein ausgezeichneter Schwimmer.

Wüste

Noch in den heißesten Wüsten der Welt fühlen sich allerlei Insekten wohl, etwa die grillenartige Weta.

Wunder auf sechs Beinen

Ob Ameise oder Heuschrecke: Alle Insekten folgen dem gleichen Bauplan. Man könnte ihn kurz auf die Formel Sechs-Drei-Zwei bringen. Die Sechs steht für die sechs Beine, die jedes Insekt besitzt. Die Drei bezieht sich auf die drei Körperabschnitte Kopf, Brust und Bauch. Der Bauch dient zur Verdauung, an der Brust sind Beine und Flügel befestigt, der Kopf enthält Gehirn und Augen. Die Zwei schließlich steht für die zwei Fühler oder Antennen, die ebenfalls vorn am Kopf sitzen. Sie sind wichtige Sinnesorgane.

Ein Korsett als Skelett

Wir Menschen besitzen wie alle Wirbeltiere Knochen, die unseren Körper stützen. Insekten dagegen haben kein inneres Skelett, sondern einen Außenpanzer, der die gleiche Aufgabe erfüllt. Diese harte Hülle überzieht den gesamten Körper. Sie besteht überwiegend aus einem Stoff, der Chitin heißt. Wie der Zellstoff im Holz bildet auch Chitin lange Fäden, die sich zu einem reißfesten, aber biegsamen Netz verknüpfen. Richtig hart wird der Insektenpanzer erst durch Eiweißstoffe, die zwischen den Chitinfäden sitzen.

Die Außenhülle dient nicht nur als Gerüst, sondern schützt das weiche Innere auch vor Verletzungen und vor dem Austrocknen. Aber natürlich müssen die Tiere auch etwas Bewegungsfreiheit haben. Deshalb ist der Panzer nicht aus einem Guss, sondern besteht wie eine Ritterrüstung aus vielen Einzelteilen. Sie liegen dachziegelartig übereinander und sind durch Häutchen miteinander verbunden. Deshalb kann zum Beispiel eine Wespe ihren Hinterleib biegen, wenn sie zustechen will.

Fliegen saugen und lecken mit einer Art Tupfer.

Praktisch: Schmetterlinge können ihren Rüssel aufrollen.

Mundwerkzeuge

Die Mundwerkzeuge fallen je nach Lebensweise sehr verschieden aus. Es gibt aufrollbare Saugrüssel und stabile Stechrüssel, beißstarke Kieferklauen und sogar ausklappbare Fangvorrichtungen. Immer jedoch bestehen sie aus Lippen und Kiefern, die im Laufe der Evolution die merkwürdigsten Formen angenommen haben.

Gefährlich wirken die Beißerchen des Käfers.

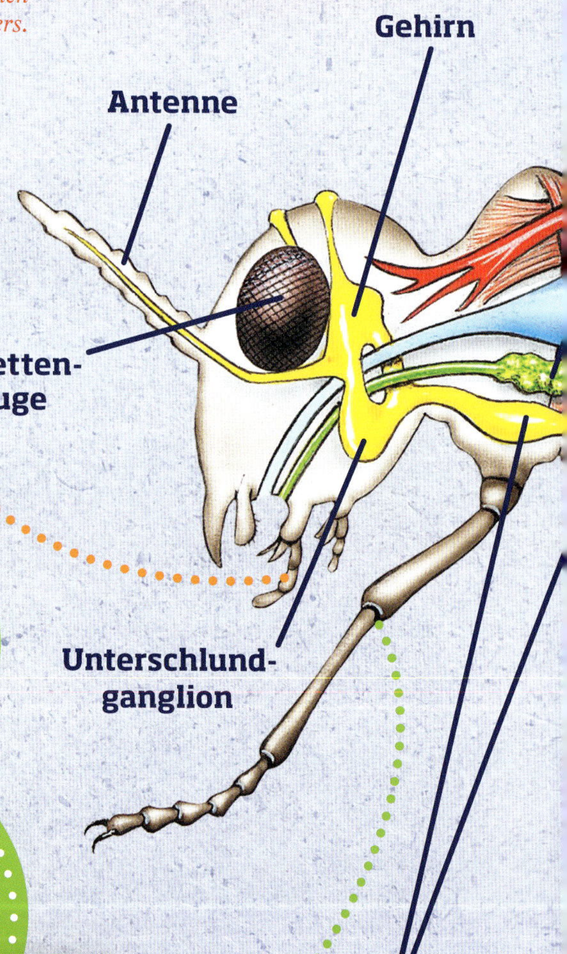

Das Bein der Gartenhummel ist üppig behaart.

Beine

Obwohl auch die Beine in Panzerhüllen stecken, sind sie sehr beweglich. Dafür sorgen Scharniere, die zwischen den einzelnen Abschnitten sitzen.

Wunderwerk in Grüngold: Beingelenk des Prachtkäfers

Flügel

Insekten können gar keine, zwei oder vier Flügel besitzen. Bei Käfern hat sich ein Paar in panzerartige Deckflügel verwandelt, welche die richtigen, zarten Flügel schützen.

Der Marienkäfer besitzt zwei verschiedene Flügelpaare.

Schon gewusst?

Weil ihr Körper zwischen Kopf, Brust und Bauch jeweils eine tiefe Kerbe aufweist, nennt man Insekten auch Kerbtiere. Nichts anderes bedeutet das lateinische Wort »Insekt«: Es kommt von »insectum«, was eingeschnitten bedeutet. Auf Altgriechisch heißt dasselbe übrigens »entomon«, weshalb man Insektenforscher auch als Entomologen bezeichnet.

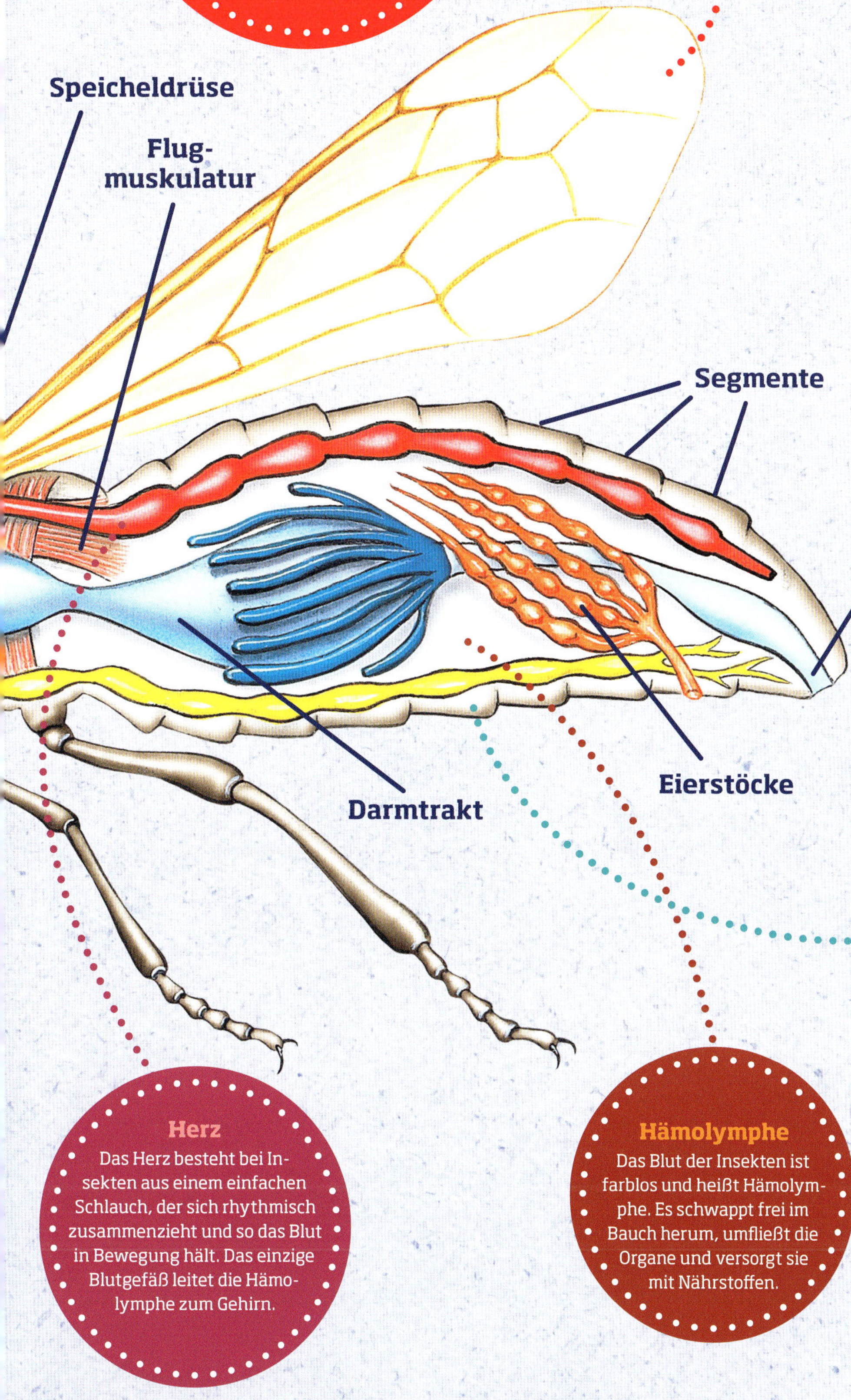

Tracheen

Insekten haben keine Lunge wie wir, sondern atmen durch Tracheen. Das sind winzige Luftröhrchen, die fein verzweigt den ganzen Körper durchziehen. Durch kleine Öffnungen des Panzers gelangt die Luft in das Röhrennetz.

Durch spaltförmige Löcher, Stigmen genannt, strömt Luft in den Körper.

Herz

Das Herz besteht bei Insekten aus einem einfachen Schlauch, der sich rhythmisch zusammenzieht und so das Blut in Bewegung hält. Das einzige Blutgefäß leitet die Hämolymphe zum Gehirn.

Hämolymphe

Das Blut der Insekten ist farblos und heißt Hämolymphe. Es schwappt frei im Bauch herum, umfließt die Organe und versorgt sie mit Nährstoffen.

Die Sinne der Insekten

Schau mir in die Augen!

Jedes Komplex- oder Facettenauge besteht aus Tausenden Einzelaugen, auch Ommatidien genannt.

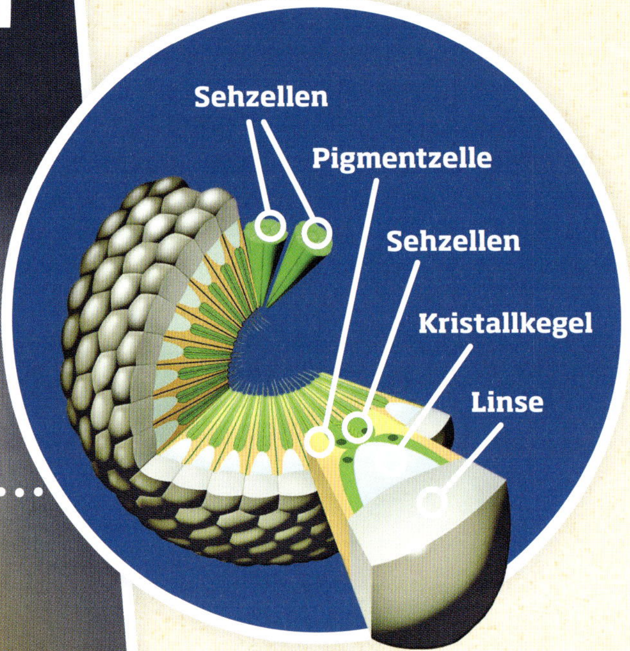

Jedes Einzelauge besitzt eine Linse und einen durchsichtigen Kristallkegel, der dem Glaskörper unseres Auges entspricht. Dahinter liegt ein Bündel Sehzellen.

Sie haben ein paar Tausend Augen, aber weder Nase noch Ohren. Trotzdem können sie prima riechen und hören! Die Sinnesorgane der Insekten sind nämlich ganz anders aufgebaut als bei uns. Die Sechsbeiner besitzen sogenannte Facetten- oder Komplexaugen, die aus vielen winzigen Einzelaugen bestehen. Während manche Ameisen weniger als zehn Einzelaugen pro Seite besitzen, sind es bei Libellen bis zu 30 000!

Aber viele Augen sorgen nicht unbedingt für ein scharfes Bild. Insekten müssen sich mit einer etwas verschwommenen Aussicht begnügen. Dafür sind ihre Komplexaugen in der Lage, wie eine Hochgeschwindigkeitskamera schnellste Bewegungen aufzulösen. Ein Kinofilm, der ja aus vielen aufeinander folgenden Einzelbildern besteht, erscheint Insekten wie ein Comic.

Manche Insekten, zum Beispiel Bienen, nehmen auch die Farben der Umwelt ganz anders wahr: Sie sehen kein Rot, dafür aber Ultraviolett. Blumen schmücken sich deshalb oft mit ultravioletten Mustern, von denen wir nichts ahnen. Umgekehrt sieht ein Feuerwehrauto für Bienen langweilig grau aus.

Das Grillenohr

Kaum zu glauben: Wie viele Grillen und Heuschrecken hört das Heimchen mit den Beinen! Diese Art Ohr nennt man auch Tympanalorgan.

Deutlich ist das helle Trommelfell knapp unter dem Kniegelenk des Heimchens zu erkennen.

Das Ohr am Knie

Insekten haben zwar keine Ohren am Kopf, viele besitzen aber trotzdem ein Trommelfell. Wenn Schallwellen die straff gespannte Haut zum Vibrieren bringen, nehmen die Tiere ein Geräusch wahr. Bei Laubheuschrecken sitzt das Trommelfell knapp unter dem Knie, bei anderen Arten im Brustbereich oder am Bauch. Manche Insekten hören auch mit den Fühlern oder mit Sinneshaaren am Körper, die von Schallwellen zum Zittern gebracht werden. Das Gehör spielt bei der Partnersuche eine große Rolle: Das Zirpen der Grillen oder das Sirren der Mücken hilft den Tieren, einen Geschlechtspartner derselben Art ausfindig zu machen.

Schnuppern mit den Haaren

Auch der Geruchssinn trägt dazu bei, liebeshungrige Paare zusammenzuführen. Viele Arten lassen sich von Sexuallockstoffen leiten. Spezielle Sinneshärchen fangen Duftstoffe auf und leiten die Information an das Gehirn weiter. Die Fühler sind besonders dicht mit solchen Härchen bestückt. Sie sitzen aber auch an anderen Körperstellen, zum Beispiel an den Füßen. So können Fliegen sofort feststellen, ob sie auf etwas Essbarem gelandet sind.
Auch der Tastsinn funktioniert mit empfindlichen Borsten, die auf Berührung reagieren. Bienen nutzen sogar Sinneshärchen am Kopf, um ihre Fluggeschwindigkeit zu messen: Je schneller sie fliegen, desto stärker krümmen sich die Haare.

Chemische Botschaften

Soziale Insekten, die in Völkern zusammenleben, nutzen Duftstoffe, um sich zu verständigen. So signalisieren manche Gerüche, dass ein Nestgenosse eine Nahrungsquelle entdeckt hat. Andere wirken als Alarmanlage, wenn Feinde im Anmarsch sind. Vor allem Ameisen haben die chemische Sprache perfektioniert. Sie stellen im Durchschnitt zehn bis 20 verschiedene Geruchsstoffe her. Manche Arten können diese chemischen Wörter sogar zu richtiggehenden Sätzen kombinieren.

Kopfputz

Viele Nachtfalter besitzen große Antennen, die mit ihren Verzweigungen fast wie Geweihe aussehen. Damit können sie stark verdünnte Duftstoffe aus der Luft filtern.

Funny Fact

Käfer gibt Klopfzeichen

Wie findet man ein Weibchen, wenn man in einem Tunnel irgendwo in einem Brett oder Balken steckt? Der Gescheckte Nagekäfer schlägt mit seinem Kopf auf das Holz, um auf sich aufmerksam zu machen. Sein Pochen ist auch für menschliche Ohren deutlich zu vernehmen. Weil es etwas unheimlich klingt, nennt man den Holzbewohner auch Totenuhr.

Kleiner Plausch

Was sich die beiden Ameisen wohl zu sagen haben? Sie verständigen sich nicht mit Worten, sondern mit Düften.

Am Anfang war der Springschwanz

Die Insekten sind eine uralte Tiergruppe. Schon lange vor den Dinosauriern krabbelten die ersten Kerbtiere auf der Erde herum. Sie entwickelten sich vor etwa 480 Millionen Jahren aus Würmern, die im Meer lebten. Raupen und Fliegenmaden merkt man diese Verwandtschaft noch heute an. Wie die allerersten Insekten aussahen, wissen wir nicht genau. Die ältesten Fossilien sind viele Millionen Jahre später entstanden. Vermutlich hatten die Urahnen von Käfer und Biene jedoch Ähnlichkeit mit den heutigen Springschwänzen. Diese wenige Millimeter kleinen, flügellosen Geschöpfe leben zu Hunderten in jeder Handvoll Walderde und ernähren sich von tierischen und pflanzlichen Abfällen. Mit ihrer federartig ausklappbaren Springgabel können sich die Winzlinge bei Gefahr bis zu 25 Zentimeter weit weg katapultieren.

Richtig fliegen konnten die ersten Insekten mit Sicherheit nicht. Noch heute gibt es sogenannte Urinsekten, die keine Flügel besitzen – zum Beispiel die Silberfischchen, die manchmal nachts im Badezimmer herumwimmeln. Diese harmlosen Geschöpfe haben noch andere für Insekten untypische Eigenschaften: Sie werden mehrere Jahre alt, wachsen auch als geschlechtsreife Tiere immer weiter und pflanzen sich bis zu ihrem Tod fort.

Pioniere an Land

Insekten gehören wie Spinnentiere, Krebstiere und Tausendfüßer zu den Gliederfüßern. Sie heißen so, da ihr Körper in viele Abschnitte gegliedert

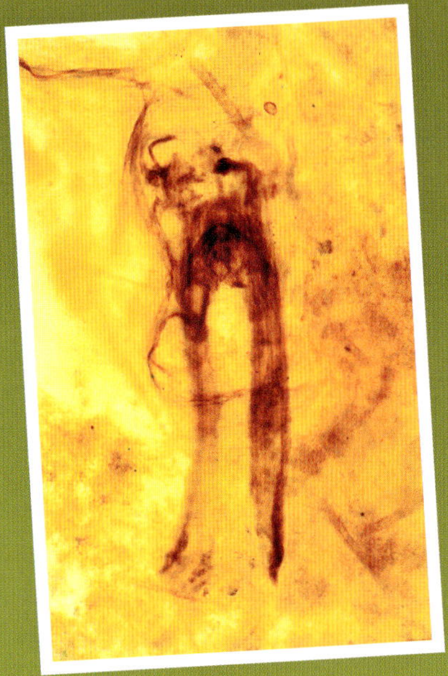

Vorfahre

Das älteste bisher bekannte Insekt wurde vor 400 Millionen Jahren in Bernstein eingeschlossen und konnte womöglich schon fliegen.

➜ Rekord

750 Beine

besaß ein Tausendfüßer der Art Illacme plenipes – zwar nicht ganz 1000, trotzdem absolute Spitze im Tierreich.

Weitspringer

Der Bunte Kugelspringer ist nur anderthalb Millimeter groß. Er lebt in der Streuschicht feuchter Wälder.

Katapult

Normalerweise ist die Springgabel eingeklappt. Schnellt sie zurück, fliegt der Springschwanz durch die Luft.

Funny Fact

Ausgetrickst!

Insekten als Pollentaxis – schön und gut. Aber warum soll man den Chauffeur bezahlen? Süßen Nektar herzustellen kostet schließlich Energie. Manche Pflanzen versuchen deshalb, die fleißigen Bestäuber auszutricksen. So treiben einige Orchideen, die Ragwurzen, Blüten, die Fliegen oder Bienen täuschend ähnlich sehen. Sie werden deshalb von liebeshungrigen Männchen angesteuert, die beim Paarungsversuch Pollen mitnehmen – ganz ohne Gegenleistung.

ist. Diese Aufteilung haben Gliederfüßer von ihren Vorfahren, den Würmern, geerbt. Anders als diese besitzen sie jedoch Beine und ein hartes, schützendes Außenskelett. Deshalb waren sie gut gerüstet für das Leben an Land.
So gehörten sie auch zu den ersten Geschöpfen, welche die noch jungen und damals ziemlich ungemütlichen Kontinente besiedelten. Doch während die Zahl der übrigen Gliederfüßer einigermaßen überschaubar blieb, explodierte die Vielfalt der Insekten geradezu. Ihr Siegeszug ging einher mit der Eroberung der Erde durch die Pflanzen.

Ein unschlagbares Team

Pflanze und Insekt erwiesen sich als das vielleicht erfolgreichste Team der Naturgeschichte. Die ersten Insekten knabberten noch ohne Gegenleistung am Grünzeug. Als jedoch die ersten Blütenpflanzen aufkamen, revanchierten sie sich durch eine unschätzbare Dienstleistung: Sie trugen den männlichen Pollen von Blume zu Blume und befruchteten so die weiblichen Blütenorgane. Die Pflanzen belohnten ihre Liebesboten mit zuckersüßem Nektar, den sie in ihren Blüten bereitstellten. Damit hatten sich die Insekten eine neue, üppige Nahrungsquelle erschlossen. Ihrer Ausbreitung waren nun kaum noch Grenzen gesetzt.

Oldtimer

Das Silberfischchen zählt zu den urtümlichsten Insekten. Es besitzt noch keine Flügel, aber drei lange Fortsätze am Hinterleib.

Trendsetter

Als Bestäuber sind moderne Insekten wie die Bienen eine erfolgreiche Partnerschaft mit Pflanzen eingegangen.

Gliederfüßer

Die Gruppe der Gliederfüßer (Arthropoden) macht ungefähr 80 Prozent der heute bekannten Tierarten aus. Eines haben sie alle gemeinsam: viele Beine!

Tausendfüßer

Meist sind sie harmlose Pflanzenfresser; nur die giftigen Hundertfüßer gehen auf die Jagd.

Spinnen

Die Achtbeiner sind eng mit den Insekten verwandt – und zugleich ihre ärgsten Feinde.

Krebstiere

Vom Flohkrebs über die Kellerassel bis zum Hummer kommen sie in sehr unterschiedlicher Form daher.

Das dunkle Flügelmal der Libelle ist mit Hämolymphe gefüllt. Es hilft ihr, im Flug die Balance zu halten.

Paarungsrad

Als echte Flugkünstler finden sich liebeshungrige Libellen in der Luft. Sie bilden ein herzförmiges Rad und fliegen so weiter, bis sich das Männchen schließlich niederlässt.

Abgehoben!

Die ersten Insekten gingen zu Fuß. Doch als die Pflanzen immer höher wuchsen, wurde die Krabbelei mühsam. Also schwangen sich die Tierchen in die Luft. Natürlich lernten sie das Fliegen nicht auf einen Schlag, sondern sprangen zunächst in einer Art Gleitflug von den Bäumen. Die Felsenspringer, eine Gruppe primitiver Urinsekten, tun das bei Gefahr noch heute.

Um nicht unkontrolliert in die Tiefe zu purzeln, nutzen Felsenspringer lange Borsten zum Steuern. Aus solchen Anhängseln, vielleicht auch aus Teilen des Rückenpanzers, entwickelten sich im Laufe der Evolution wohl die Flügel. Das älteste bekannte Insekt, das vor etwa 400 Millionen Jahren in Bernstein eingeschlossen wurde, konnte vermutlich bereits fliegen – lange bevor Flugsaurier und Vögel die Lüfte eroberten.

Akrobaten der Lüfte

Flügel waren nicht nur für Pflanzenfresser praktisch, sondern mehr noch für Raubinsekten. Als die ersten richtigen Flugakrobaten erwiesen sich die Libellen. Ihr Bauplan ist so perfekt, dass sie noch heute fast unverändert existieren. Allerdings

Schon gewusst?

Flügel taugen nicht nur zum Fliegen, sondern auch zum Heizen. Viele Insekten wärmen sich, indem sie ihre Tragflächen in der Sonne ausbreiten. Hummeln und Bienen hingegen kuppeln ihre Flügel aus und lassen die Flugmuskeln im Leerlauf zittern, um Wärme zu erzeugen.

bleiben sie kleiner als zu Zeiten der Dinosaurier.
Libellen besitzen zwei Flügelpaare, die sie unabhängig voneinander bewegen können. Damit vollführen sie die tollsten Kunststücke: Sie schwirren wie ein Helikopter auf der Stelle, ändern plötzlich die Richtung und paaren sich sogar im Flug.

Flügel zum Falten

Einen Nachteil haben die Tragflächen der Libellen allerdings: Sie lassen sich nicht zusammenfalten. In enge Ritzen und Verstecke können Tiere mit solchen Flügeln nicht krabbeln, ohne die zarten Gebilde zu zerreißen. Vermutlich deshalb setzten sich in der Insektenwelt schließlich faltbare Flügel durch. Schmetterlinge, Bienen und Wespen besitzen zwar immer noch zwei Flügelpaare, bewegen sie aber nicht wie Libellen separat, sondern gleichzeitig. Oft sind Vorder- und Hinterflügel durch kleine Häkchen verbunden, sodass sie wie ein einziger Flügel erscheinen.
Die Zweiflügler schließlich, zu denen Fliegen, Bremsen und Mücken gehören, besitzen nur noch ein einziges Flügelpaar. Fliegen sind die wohl großartigsten Flugkünstler im ganzen Tierreich. Sie können rückwärts fliegen und sich sogar im Flug auf den Rücken drehen, wenn sie etwa an einer Zimmerdecke landen wollen!

Wunderwerk aus Chitin

Insektenflügel bestehen wie der Körperpanzer aus Chitin. Anders als die Tragflächen eines Flugzeugs sind sie nicht starr, sondern verformen sich beim Auf- und Abschlagen. Die vielen Adern sorgen für Festigkeit. Die Flügelhaut selbst ist nur ein Tausendstel Millimeter dick. Um abzuheben, brauchen Insekten kräftige Flugmuskeln, die im Brustsegment sitzen.

Flügelschlag
Obwohl sie sich meist springend fortbewegen, können Rhododendronzikaden auch gut fliegen. Im Flug sind die bunten Deckflügel mit den Unterflügeln verbunden.

Wenn Felsenspringer in die Tiefe gleiten, steuern sie mit ihren langen Borsten.

➜ Rekord
74 Zentimeter
Spannweite maß die größte Libelle aller Zeiten. Sie lebte vor fast 300 Millionen Jahren. Damals enthielt die Luft mehr Sauerstoff, sodass die Insekten besser atmen und daher größer werden konnten.

Diese versteinerte Riesenlibelle ist zwar kleiner, aber besser erhalten als die eng verwandte Rekordhalterin.

Bei Zweiflüglern wie der Riesenschnake hat sich ein Flügelpaar zu Schwingkölbchen zurückgebildet.

Entwicklung
Holometabole Insekten durchlaufen eine vollständige Metamorphose (rechts). Hemimetabole Arten werden bloß größer und häuten sich mehrmals (links).

Wundersame Verwandlung

Glühwürmchen geben Leuchtzeichen, Raubfliegen überreichen Geschenke und Ameisen steigen zum Hochzeitsflug auf. So unterschiedlich die Partnersuche bei Insekten auch abläuft, letztlich geht es immer um das eine: Männchen und Weibchen paaren sich, um ihr Erbgut an die nächste Generation weiterzugeben. Dabei ist es unter Insekten durchaus üblich, dass sich beide mit jeweils mehreren Partnern einlassen. Im Überlebenskampf der Natur muss man eben jede Chance auf gesunden Nachwuchs nutzen.

Eier im Versteck

Sind die Weibchen befruchtet, suchen sie eine geeignete Stelle, um ihre Eier abzulegen. Eintagsfliegen lassen die Eier einfach ins Wasser plumpsen. Andere Insekten legen kunstvolle Nester an, die sie mit Nahrung füllen. Die Eier von Schmetterlingen oder Käfern kannst du häufig entdecken, wenn du auf der Unterseite von Blättern nachschaust. Das Laub dient dabei nicht nur als Schutzdach, sondern auch als Proviant: Sobald die Larven schlüpfen, können sie anfangen zu futtern.

Cooles Outfit, was? Als fette Pfauenspinnerraupe muss man sich etwas einfallen lassen, um hungrige Vögel abzuschrecken.

Schon gewusst?

Bei vielen Insekten scheint das Larvenstadium das wahre Leben zu sein. Zumindest nimmt es meist viel mehr Zeit in Anspruch. Die längste Kindheit im Insektenreich leisten sich die 17-Jahres-Zikaden: Sie leben, wie ihr Name verrät, siebzehn Jahre als Larve im Waldboden. Dann schlüpfen die Jungtiere alle auf einen Schlag aus dem Erdreich und pflanzen sich fort.

Nachdem die 17-Jahres-Zikade sich gepaart und ihre Eier abgelegt hat, stirbt sie.

Hängepartie

Die Puppe des Tagpfauenauges baumelt an einem Zweig. Befestigt ist sie mit einem Gespinst aus Seide.

Erst kurz vor ihrer letzten Häutung kriecht die Larve der Großen Königslibelle aus dem Wasser und hält sich an einem Blatt fest. Dann schlüpft das geflügelte Insekt.

Puh, endlich raus hier! Warte nur, bald bin ich eine prächtige Libelle und hebe ab!

Jedes Insektenleben beginnt mit einem Ei. Dann aber schlagen die Sechsbeiner zwei völlig verschiedene Entwicklungspfade ein. Die eine Gruppe schlüpft als Larve, die schon fast wie das fertige Tier aussieht. Sie ist bloß kleiner und besitzt noch keine Flügel. Wenn sie heranwächst, muss sie sich mehrmals häuten, da der Chitinpanzer nicht mitwächst. Mit der letzten Häutung entfalten sich schließlich die Flügel. Diese Insekten nennt man hemimetabol. Zu ihnen gehören die urtümlicheren Arten wie Libellen, Schaben oder Heuschrecken.

Kleine Fressmaschinen

Die andere Gruppe, die unter anderem die Käfer, Fliegen und Schmetterlinge umfasst, kriecht als wurmartige Larve oder Made aus dem Ei. Sie sieht ihren Eltern überhaupt nicht ähnlich. Nichts an einer Raupe deutet auf den Schmetterling hin, der einmal aus ihr werden wird. Die Larven sind reine Fressmaschinen. Der einzige Zweck ihres Daseins ist es, Energiereserven für den bevorstehenden Umbau anzulegen. Zwischendurch häuten sie sich mehrmals, ehe sie sich endlich verpuppen. Manche Raupen spinnen sich dazu einen Kokon aus Seidenfäden, während viele Fliegen die letzte Larvenhaut als Puppenhülle nutzen. Stechmückenpuppen hingegen schwimmen frei beweglich im Wasser.

Während von außen nichts zu sehen ist, läuft im Inneren der Puppe ein fantastischer Umbau ab: Aus dem Würmchen wird ein erwachsenes Insekt mit Beinen, Fühlern und Flügeln. Ist die Verwandlung abgeschlossen, sprengt das Tier die Puppenhülle. Dieser Weg der Entwicklung ist naturgeschichtlich jünger und heißt vollständige Metamorphose. Die betreffenden Insekten nennt man holometabol.

Florfliegen kleben ihre Eier einzeln mit einem langen Stiel an eine Pflanze, um sie vor Ameisen zu schützen. Denn sobald die Larven der Florfliegen geschlüpft sind, essen sie am liebsten Blattläuse: die Haustiere der Ameisen.

Zur Paarung springt das Männchen der Alpinen Gebirgsschrecke auf den Rücken seiner Partnerin. Sie ist deutlich größer als er.

Bewaffnung

Blattschneiderameisen besitzen messerscharfe Kiefer, die wie Klauen geformt sind. Damit können sie nicht nur Grünzeug schnipseln, sondern auch ihre Feinde in Stücke zerlegen.

Mit Klauen, Gift und Stachel

Insekten leben gefährlich. Viele Tiere wie Vögel, Frösche und Eidechsen vertilgen sie gern. Spinnen ernähren sich fast ausschließlich von ihrer sechsbeinigen Verwandtschaft. Und nicht einmal nachts können sich Falter und Käfer sicher fühlen. Denn dann stellen ihnen hungrige Fledermäuse mithilfe von Ultraschall nach. Die schlimmsten Feinde friedlicher Insekten sind freilich andere Insekten: Ameisen und Wespen, Libellen und Laufkäfer, Raubwanzen, Gottesanbeterinnen und viele andere Kerbtiere machen unermüdlich Jagd auf ihresgleichen.

Gift gegen Honigräuber

Kein Wunder also, dass sich im Reich der Insekten allerlei gefährliche Waffen entwickelt haben. Wer hat noch nie Bekanntschaft mit dem Stachel einer Biene oder Wespe gemacht? Er hat sich im Lauf der Evolution aus der Legeröhre entwickelt, mit der Weibchen primitiver Wespenarten ihre Eier ablegen. Deshalb können ausschließlich weibliche Bienen und Wespen stechen. Richtig weh tut der Stich natürlich nur, weil die Tiere ihrem Gegner damit eine Giftspritze verpassen. Bienengift ist ein Gemisch mehrerer Stoffe, die Körperzellen angreifen

Schon gewusst?

Eichenprozessionsspinner tragen ihren Namen, weil ihre Raupen in langen Reihen auf Bäumen herumkriechen und sich zum Schutz in ein seidiges Gespinst hüllen. Leider reicht ihnen das nicht: Zusätzlich halten sie sich ihre Feinde mit giftigen Brennhaaren vom Leib. Diese Härchen können auch bei Menschen schwere Ausschläge, Husten und Atemnot auslösen.

und Nerven lahmlegen. Es ist besonders schmerzhaft, weil es gegen Honig raubende Säugetiere wirken soll.
Einige Ameisen stechen ebenfalls, andere spritzen dem Feind ihr Gift entgegen. Berüchtigt sind die sogenannten 24-Stunden-Ameisen, deren Stich Menschen einen Tag und eine Nacht lang höllische Qualen bereitet. Unsere heimischen Wald- und Wegameisen begnügen sich hingegen mit einfacher Ameisensäure. Das ist derselbe Stoff, der Brennnesseln so ätzend macht.

Beißzangen statt Zähne

Viele Raupen sind ebenfalls giftig und tun das durch auffallende Muster kund. Oft stellen sie das Gift gar nicht selbst her, sondern nehmen es aus ihren Futterpflanzen auf und reichern es im Körper an. Manche Käfer schwitzen bei Gefahr kleine Tropfen einer giftigen Flüssigkeit aus. Bei Marienkäfern lässt sich das gut beobachten – und auch riechen, denn das Sekret stinkt ziemlich übel.
Ameisen und räuberische Käfer sind zudem mit kräftigen Kiefern ausgerüstet, um ihre Beute festzuhalten und zu zerkleinern. Von dem südamerikanischen Riesenbockkäfer sagt man, er könne sogar einen Bleistift durchzwicken! Manche Ameisen wiederum beißen sich so fest, dass traditionelle Heiler in Südamerika und Afrika sie benutzen, um offene Wunden zu klammern.

Unglaublich!

Eine einzigartige Art der Verteidigung nutzen die Bombardierkäfer, die auch in Mitteleuropa vorkommen. Bei Gefahr mischen die Tiere zwei Flüssigkeiten in einem Hohlraum im Hinterleib, die sie zuvor getrennt aufbewahrten. Sogleich kommt eine chemische Reaktion in Gang. Die Mixtur explodiert, ein kochend heißer, ätzender Strahl schießt aus dem Käferhintern hervor – und trifft den Feind mitten ins Gesicht.

Zweikampf
Männliche Hirschkäfer liefern sich dramatische Duelle. Sieger ist, wer den Gegner auf den Rücken oder vom Ast wirft. Als Lohn winkt die Gunst einer Käferdame.

Warnsignal
Mit ihrer grellen Färbung warnen die Edelfalterraupen: Vorsicht, giftig!

Such mich doch!

Diese tropische Gottesanbeterin ist auf dem bemoosten Baumstamm im Urwald der Insel Borneo fast nicht zu entdecken.

Wer nicht stechen oder Gift mischen kann, sollte zumindest versuchen, möglichst wenig aufzufallen. Auch in der Kunst des Täuschens und der Tarnung sind die Insekten daher Meister. Viele Käfer und Raupen lassen sich blitzschnell fallen, wenn Gefahr droht. Auf dem Boden sind sie dann kaum noch zu erkennen. Andere haben sich in Farbe und Form perfekt an ihre Umgebung angepasst. Raupen beispielsweise sind häufig grasgrün und verschmelzen regelrecht mit der Vegetation.

Die raffinierteste Tarnung beherrschen zweifellos die Gespenstschrecken. Diese Pflanzenfresser kommen in tropischen und subtropischen Gegenden vor. Zu ihnen gehören die Stabheuschrecken, die sich kaum von dürren Zweigen unterscheiden lassen. Ihre nahen Verwandten, die Wandelnden Blätter, kostümieren sich hingegen als Laubblatt. Einige Raupen und Kleinschmetterlinge sehen sogar aus wie Vogeldreck.

Schwarz-gelbe Signalweste

Ein anderer beliebter Insektentrick ist es, sich als gefährliche Art auszugeben. So sieht ein ganzes Heer verschiedener Schwebfliegen wehrhaften Wespen ähnlich. Vögel meiden die eigentlich harmlosen Fliegen, weil sie den Giftstachel der Wespen fürchten. Hingegen verkleidet sich der Hornissen-Glasflügler, ein Schmetterling, als Hornisse und manche Käfer imitieren Ameisen. Diese Art der Tarnung nennt man Mimikry.

Aber warum sind eigentlich so viele Insekten mit Giftstachel ähnlich gefärbt? Echte Wespen, die meisten Hummeln sowie Honigbienen nutzen allesamt Schwarz-Gelb als Warnsignal. Das ist ebenfalls eine Form der Mimikry: So müssen Feinde nur einmal eine üble Erfahrung machen und meiden fortan alle Insekten im schwarzgelben Trikot. Wären manche Giftwespen beispielsweise pink gefärbt, würde ein Fressfeind auch diese Farbe erst einmal

Unglaublich!

Hast du schon einmal einen Strauch gesehen, der voller Schaumflocken hing? Da hat nicht etwa jemand kräftig hingespuckt. Vielmehr beherbergt der Busch Schaumzikaden. Das sind kleine, unauffällige Insekten, die an Pflanzen saugen. Ihre Larven bauen sich ein schützendes Nest aus Schaum. Den stellen sie her, indem sie ein eiweißhaltiges Sekret mit Atemluft aufschäumen – so, wie eine Espressomaschine mit Dampf Milchschaum erzeugt.

probieren. Deshalb hat sich in der Natur das einheitliche Warnkleid bewährt.

Varianten des Versteckspiels

Während bei Mimikry immer ein gefährliches Vorbild nachgeahmt wird, spricht man von Mimese, wenn ein Insekt sich zwecks Tarnung als etwas Harmloses ausgibt. Das kann ein Tier, eine Pflanze oder auch ein unbelebtes Objekt wie ein Stein sein.

Duft als Tarnkappe

Mimese funktioniert nicht nur über das Aussehen, sondern auch über den Geruch. So ahmen manche Kurzflügelkäfer und Bläulingsraupen den Duft von Ameisen nach. Deshalb werden sie im Ameisenvolk geduldet und bisweilen sogar gefüttert. Manche Mimese-Künstler »bedanken« sich, indem sie die Brut ihrer Gastgeber fressen.

Auch Birkenspanner gehen mit der Mode: Liegen weiße Baumstämme im Trend, trägt der Falter ebenfalls Weiß.

Birkenspanner

Ein berühmtes Beispiel dafür, wie schnell sich Tiere an eine veränderte Umwelt anpassen können, ist der Birkenspanner. Eigentlich handelt es sich um einen schwarz-weiß gemusterten Falter, der auf normaler Birkenrinde gut getarnt ist. Nur färbten sich die hellen Birkenstämme im 19. Jahrhundert durch den Qualm aus Fabrikschloten stellenweise schmutzig grau. Prompt nahm die Zahl der Birkenspanner zu, die wegen einer kleinen Abweichung im Erbgut dunkle Flügel besaßen. Als in der zweiten Hälfte des 20. Jahrhunderts die Luft dank Umweltschutz wieder sauberer wurde, stieg der Anteil der hellen Birkenspanner wieder.

Unpassend gefärbte Birkenspanner hingegen leben gefährlich.

Mimese

Unappetitlich, aber effektiv: Dieses Insekt sieht aus wie Vogeldreck. Hast du es erkannt? Richtig, auch das ist eine Gottesanbeterin. Gut getarnt wartet sie auf Beute.

Es gibt Ameisen, die wie Spinnen aussehen, also warum nicht auch Spinnen, die auf Ameise machen?

Schwebfliegen lieben Mimikry. Häufig ahmen sie wie diese Bienen-Moderholzschwebfliege Wespen nach.

Besser in den Po gebissen als den Kopf abgezwackt: Diese Raupe trägt unechte Augen am Hinterleib.

Das Schmarotzer-Prinzip

Pech gehabt: Die schillernde Goldfliege wird als Imbiss für den Nachwuchs der gelb gestreiften Kotwespe enden.

Blutsauger

Kopfläuse haben schon den Urmenschen zu schaffen gemacht. Bis heute fühlen sie sich auf unseren Köpfen wohl – auch wenn wir unsere Haare häufig waschen.

Jedes Tier auf Erden hat seinen persönlichen Quälgeist. Manchmal sind diese kleinen stechenden und saugenden Biester einfach nur lästig, aber schlimmstenfalls können sie ihren Wirt umbringen. Sehr häufig handelt es sich dabei um Insekten. Denn die Welt der Sechsbeiner ist auch das Königreich der Schmarotzer. In der Regel sind solche Parasiten auf einen bestimmten Wirt spezialisiert. Deshalb kommen auf jede harmlose Insektenart ein oder mehrere Schmarotzer, die es genau auf sie abgesehen haben. Es gibt sogar jede Menge Parasiten, die ihrerseits andere Parasiten befallen. Damit ist das Schmarotzer-Prinzip ein weiterer Grund für die ungeheure Vielfalt der Insekten. Übrigens lebt die große Mehrheit aller Lebewesen auf diesem Planeten parasitisch!

Kuckuckskinder auch bei Insekten

Grob lassen sich die kleinen Trittbrettfahrer in zwei Gruppen einteilen. Die einen stehlen ihrem Wirt Nährstoffe. Meist tun sie das, indem sie Blut oder Hämolymphe saugen. Diese Parasiten können entweder ihr

Unglaublich!

Rekord – 0,14 Millimeter kurz ist das kleinste Insekt der Welt: das Männchen der Zwergwespe Dicopomorpha echmepterygis. Zwergwespen müssen so winzig sein, weil sie als Parasiten in den Eiern anderer Insekten heranwachsen.

ganzes Leben auf dem Körper des Wirts verbringen, wie zum Beispiel die an uns Menschen angepassten Kopfläuse. Andere, etwa Stechmücken und Bettwanzen, steuern ihren Ernährer nur bei Bedarf an, um sich eine Blutmahlzeit zu holen.
Der zweiten Gruppe von Parasiten geht es gar nicht um den eigenen Hunger. Vielmehr will sie ihre Brut gut versorgen, ohne mit viel Mühe selbst Futtervorräte für den Nachwuchs heranzuschaffen. Sehr beliebt bei diesen Schmarotzern ist die Methode »Kuckuck«: Man lege sein Ei unbemerkt in ein fremdes Nest und lasse die betrogene Mutter für alles Weitere sorgen. Die Larven der Parasiten schlüpfen meist schneller als die Wirtskinder. Dann machen sie sich über deren Proviant her. Gewöhnlich werden die Adoptivgeschwister gleich mitgegessen.

Bei lebendigem Leib gefressen

Noch gruseliger ist der Parasitentrick Nummer zwei: Man lege sein Ei auf (oder in) den Körper eines anderen Tieres, sodass die Larve dieses später bei lebendigem Leib auffressen kann. Schlupf-, Weg- und Erzwespen sind die Meisterinnen dieser Huckepack-Vermehrung. Ob Spinne, Raupe oder Kakerlake: Kaum ein Krabbeltier, das nicht damit rechnen muss, als Babynahrung für eine Wespenlarve zu enden. Aber auch unter den Fliegen gibt es viele Arten, die sich so fortpflanzen. Man nennt diesen Typ von Schmarotzern Parasitoide.
Auch im Körper von Säugetieren wachsen parasitische Insekten heran. So befallen Dasselfliegen gern Huftiere. Ihre Maden lösen schmerzhafte, bei schwerem Befall mitunter tödliche Entzündungen aus.

Fieses Juwel

Die Feuer-Goldwespe ist die wohl hübscheste Wespe Mitteleuropas – aber ein wahres Biest: Sie schmuggelt ihre räuberische Brut in Nester von Wildbienen und anderen Wespen.

Angriff aus der Luft

Die Buckelfliege versucht, einer unachtsamen Ameise ein Ei anzuhängen. Die Larve wird das Opfer fressen.

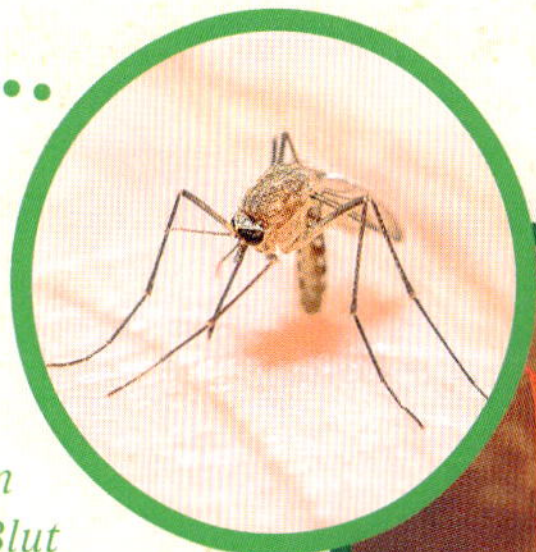

Beim Stich spritzt die Anopheles-Mücke einen Stoff, der das Blut flüssig hält. Leider enthält er oft Krankheitserreger.

Rettende Netze

Malaria ist vor allem für Kinder gefährlich, weil ihre Körperabwehr noch nicht voll ausgebildet ist. Moskitonetze bieten Schutz.

Killer Nummer eins

Was ist das gefährlichste Tier der Welt? Schlangen, Haie, Krokodile? Weit gefehlt. Der größte Killer ist winzig und hat nicht einmal Zähne: Kein Tier ist für mehr Todesfälle verantwortlich als die Anopheles-Mücke. Wenn sie Blut saugt, überträgt sie nämlich den Erreger der Malaria. An dieser Tropenkrankheit, die schwere Fieberschübe mit sich bringt, sterben jährlich noch immer Hunderttausende Menschen. Medikamente könnten zwar helfen, sind aber in Entwicklungsländern oft nicht erhältlich oder zu teuer.

Im Staat der fleißigen Schwestern

Teamarbeit

Blattschneiderameisen tragen Grünzeug in ihr Nest, um damit ihre unterirdischen Pilzkulturen zu füttern. Mit dem Pilz ernähren sie ihre Larven.

Insektenstaaten gehören zu den ganz großen Wundern der Natur. Wie wir Menschen tun sich winzige Tiere zusammen und vollbringen gemeinsam Dinge, die sie allein nie schaffen würden. Termiten errichten mehrere Meter hohe, raffiniert belüftete Bauten. Manche Ameisen betreiben Landwirtschaft, indem sie in ihren unterirdischen Bauten Pilze züchten. Und Bienen sind so gut organisiert, dass ihr Volk dank üppiger Honigvorräte den blütenlosen Winter überstehen kann.

Erfolg durch Arbeitsteilung

Freilich funktioniert das Zusammenleben im Insektenstaat ganz anders als in menschlichen Gesellschaften. Während bei uns im Prinzip jede Frau Kinder haben kann, pflanzt sich im Bienenstock oder im Ameisenbau nur ein einziges weibliches Tier fort: die Königin. Sie legt unermüdlich Eier und wird dabei von ihrem Hofstaat umsorgt und gefüttert.

Ihre Töchter sind überwiegend Arbeiterinnen und übernehmen verschiedene Aufgaben, etwa Larvenpflege, Bauarbeiten oder Wachdienste. Denn im Insektenstaat herrscht Arbeitsteilung. Jedes Tier weiß genau, was es zu tun hat. Bienen wechseln ihre Aufgabe mehrmals, wenn sie heranwachsen. Nur die älteren Arbeiterinnen fliegen hinaus, um Nektar zu sammeln. Ameisen hingegen behalten ihren Job gewöhnlich bei. Oft sehen sie je nach Aufgabe sogar unterschiedlich aus: So sind Soldatinnen, die das Nest beschützen, besonders groß und besitzen kräftige Kieferzangen.

Nur wenige weibliche Larven erhalten ein spezielles Futter, sodass sie zu jungen Königinnen heranwachsen. Wenn sie

Schwänzeltanz

Bienen unterhalten sich auf eine im Tierreich einzigartige Weise: Um mitzuteilen, wo sie Blüten mit viel Nektar entdeckt haben, führen sie ihren Schwänzeltanz auf. Dabei tanzt eine Biene im Stock eine Figur, die wie eine flach gedrückte Acht aussieht. Immer auf der Mittellinie wackelt sie deutlich sichtbar mit dem Hinterteil. Der Winkel, den diese Mittellinie zur Senkrechten bildet, entspricht dem Winkel, in dem die Nektarquelle zur Linie Bienenstock-Sonne steht. Das Tempo des Tänzchens wiederum verrät, wie weit das Ziel entfernt ist.

geschlechtsreif sind, steigen sie gemeinsam mit ihren Brüdern zum Hochzeitsflug auf und paaren sich. Danach gründen sie ihr eigenes Nest. Junge Bienenköniginnen dagegen kehren in den alten Stock zurück, den ihre Mutter zwischenzeitlich mit einem Teil des Volkes verlassen hat.

Ausgeschwärmt

Bevor die jungen Königinnen schlüpfen, fliegt die alte mit einem Teil des Volks davon. Während Kundschafterinnen nach einem neuen Heim suchen, hängt der Schwarm frei an einem Ast. Im ganzen Bienenvolk pflanzt sich nur die Königin fort.

Termiten haben einen König

Bei Bienen und Wespen ist das soziale Zusammenleben eher die Ausnahme. Abgesehen von Honigbienen, Hummeln und den schwarz-gelb gestreiften Echten Wespen sind die meisten Arten Einzelkämpfer geblieben. Hingegen bilden alle Ameisen und Termiten Staaten. Sie sind übrigens nicht miteinander verwandt: Während Ameisen wie Bienen und Wespen zu den Hautflüglern gehören, stehen Termiten den Schaben nahe. Ihre Königin paart sich nicht nur einmal, sondern lebt dauerhaft mit einem männlichen Tier, dem König, zusammen. Insektenvölker können klein sein wie bei Hummeln, wo sie nur wenige Dutzend oder Hundert Tiere umfassen. Ein Nest der Deutschen Wespe bringt es bereits auf mehrere Tausend Bewohner und ein gut genährtes Bienenvolk hat im Sommer 40 000 bis 60 000 Mitglieder. In manchen Ameisenstaaten leben sogar mehrere Millionen Tiere zusammen!

Die kleinen, blassen Arbeitstermiten sind für Futtersuche, Nestbau und Larvenpflege zuständig.

Unglaublich!

Lange glaubten Wissenschaftler, dass nur hoch entwickelte Tiere wie Menschenaffen Werkzeuge benutzen. Von wegen! Kürzlich fanden Forscher heraus, dass Ameisen ebenfalls dazu fähig sind. In einem Laborversuch benutzten sie kleine Schwämmchen, um eine süße Flüssigkeit aufzusaugen und in ihr Nest zu transportieren. Zuvor hatten sie sich passend große Schwammfetzen zurechtgebissen.

Termitenhügel sind Meisterwerke der Natur. Manche Arten bauen sie bis zu neun Meter hoch.

Krabbler auf Rekordkurs

Insekten sind zwar klein, aber dennoch zu verblüffenden Leistungen fähig. Da stehen wir Menschen im Vergleich manchmal ganz schön lahm da …

Herzensbrecherin

Viele Insekten paaren sich mit mehreren Partnern, um ihre Fortpflanzungschancen zu erhöhen. Doch kein Weibchen hat so viele Männchen wie die Königin der Riesenhonigbiene: Sie lässt sich auf ihrem Hochzeitsflug von bis zu 53 verschiedenen Drohnen begatten. Der Spermienvorrat reicht dann auch für ihr ganzes Leben.

Turbopropeller

Gnitzen sind kleine Mücken, die wie ihre großen Schwestern ganz schön lästig sein können. Wen das laute Sirren nervt, sollte bedenken, was für eine ungeheure Leistung so ein schneller Flügelschlag für ein so kleines Tierchen ist. Bei einer Gnitze der Gattung Forcipomyia maßen Wissenschaftler den Weltrekord von 1046 Flügelschlägen – pro Sekunde!

Fernwanderer

Wenn das Futter knapp wird, machen sich Wüstenheuschrecken in riesigen Schwärmen auf die Suche nach einer neuen Heimat. Im Jahr 1988 überquerten zahlreiche Tiere sogar den Atlantik und landeten in der Karibik. Sie hatten gut 4 500 Kilometer zurückgelegt – die weiteste Wanderung, die Insekten je unternommen haben.

Supermutter

Klar, dass die Weibchen mit den meisten Nachkommen unter den Staaten bildenden Insekten zu suchen sind. Deren Königin hat schließlich nichts anderes zu tun, als den ganzen Tag über Eier zu legen. Rekordhalterin ist die afrikanische Treiberameise Dorylus wilverthi. Ihre Königin kann alle 25 Tage drei bis vier Millionen Eier legen.

Rennkäfer

Der schnellste Läufer unter den Insekten ist der australische Sandlaufkäfer Cicindela hudsoni. Der Wüstenbewohner legt pro Sekunde 2,5 Meter zurück. Damit ist der Winzling mehr als doppelt so schnell wie ein erwachsener Mensch bei normaler Schrittgeschwindigkeit. Seine auffallend langen Beine helfen ihm, seinen Körper vom heißen Sand fernzuhalten.

Tiefseetaucher

Eigentlich können Insekten in tiefem Wasser nicht überleben. Der hohe Druck würde die Luft aus ihren Tracheen quetschen. Gewöhnlich findet man Wasserinsekten daher in seichten Tümpeln. Der Zuckmücke Sergentia koschowi hingegen ist es gelungen, sich an die Bedingungen in großer Tiefe anzupassen. Ihre Larven wurden 1 360 Meter tief im sibirischen Baikalsee entdeckt.

Hochspringer

Die größten Sätze im Insektenreich macht die Wiesenschaumzikade. Die nur sechs Millimeter langen Tierchen können aus dem Stand 70 Zentimeter hochspringen. Wären Menschen genauso sportlich, müsste ein Erwachsener 200 Meter hochhüpfen! Die Zikaden springen jedoch nicht mit Muskelkraft, sondern besitzen gummiartige Fasern in den Beinen, die sie schlagartig entspannen können. So katapultieren sie sich wie mit einer Schleuder in die Höhe.

Gewichtheber

Das stärkste Kerbtier der Welt ist der Dungkäfer Onthophagus taurus. Er kann Lasten befördern, die 1 141-mal so schwer sind wie er selbst. So viel Kraft benötigt er, um Kotpillen als Nahrung für den Nachwuchs heranzurollen. Ein ähnlich starker Mensch müsste 15 Elefantenbullen auf einmal stemmen!

Gepanzerte Kraftmeier

Käfer erkennt man an ihrem Rückenpanzer, der aus dem verhärteten vorderen Flügelpaar besteht. Er schützt die zarten Hinterflügel, sodass Käfer sich fast überall hindurchzwängen können. Sie sind gut zu Fuß, im Flug wegen der hochgeklappten Deckflügel aber eher träge. Trotzdem ist ihr Körperbau ein guter Kompromiss, mit dem Käfer in den unterschiedlichsten Lebensräumen zurechtkommen. Kein Wunder also, dass es so viele Arten gibt. Hier findest du einen Überblick über die wichtigsten Gruppen.

Lilienhähnchen

BLATTKÄFER

Diese Käfer sind Vegetarier. Oft knabbern Larven und erwachsene Tiere an derselben Pflanze. Zu dieser Gruppe gehören einige gefürchtete Pflanzenschädlinge wie Kartoffelkäfer, Lilienhähnchen oder Maiswurzelbohrer. Dafür sind viele Blattkäfer hübsch gefärbt oder gemustert.

Totengräber

AASKÄFER

Wie ihr Name verrät, ernähren sie sich von Kadavern und füttern auch ihren Nachwuchs mit Aas. Manche vergraben als Vorrat für ihre Larven sogar tote Vögel oder Mäuse! Dabei arbeiten ein Weibchen und ein Männchen zusammen. Wenn die Schufterei erledigt ist, paaren sie sich.

Alpenbock

BOCKKÄFER

Bockkäfer tragen ihren Namen wegen der langen Fühler, die an die Hörner eines Steinbocks erinnern. Ihre Larven knabbern sich durch mehr oder weniger morsches Holz, während die erwachsenen, oft wunderschönen Käfer meist nur Pollen fressen oder Pflanzensäfte saugen.

Teichschwimmer

SCHWIMMKÄFER

Sie gehören zu den Insekten, die ihr ganzes Leben unter Wasser verbringen. Größere Arten müssen aber von Zeit zu Zeit auftauchen, um Luft nachzutanken. Ihren Luftvorrat tragen sie unter den Flügeln. Sie sind Räuber und fangen Larven, kleine Fische und Kaulquappen.

Alien? Nein, Rüsselkäfer!

RÜSSELKÄFER

Auch die kleinen, unscheinbaren Rüssler leben von Pflanzenkost. Der lange Fortsatz am Kopf ist kein Saugrüssel, sondern trägt die käfertypischen Beißwerkzeuge und dient wohl zum Herumstochern. Zu ihnen gehören die Borkenkäfer, die Schäden in Wäldern anrichten können.

Goldlaufkäfer

LAUFKÄFER

Sie sind flinke Jäger, die am Boden Insekten, Schnecken und Würmern nachstellen. Auch die Larven leben räuberisch. Viele Laufkäfer schmücken sich mit metallisch glänzenden Flügeldecken. Einige Arten sind so gut zu Fuß, dass sie keine funktionsfähigen Flügel brauchen.

Siebenpunkt-Marienkäfer

MARIENKÄFER

Marienkäfer kennt wohl jeder. Weil die Sieben seit alters her eine magische Zahl ist, gelten die heimischen Siebenpunkt-Marienkäfer als Glücksbringer. Sicher trägt zu ihrem guten Ruf auch bei, dass die kleinen Kerle und ihre Larven schädliche Blattläuse vertilgen.

Glühwürmchen

LEUCHTKÄFER

Besser sind sie als Glühwürmchen bekannt. In ihrem Hinterleib läuft eine chemische Reaktion ab, die Licht erzeugt. Meist leuchten die Weibchen, um Männchen anzulocken. Manche ahmen aber die typischen Leuchtzeichen anderer Arten nach, um fremde Verehrer zu verspeisen.

Pillendreher am Werk

BLATTHORNKÄFER

Sie sind eine große Gruppe unterschiedlicher Arten. Zu ihnen gehören alte Bekannte wie der Maikäfer, der Mistkäfer und der Rosenkäfer. Das berühmteste Familienmitglied ist aber wohl der Heilige Pillendreher, den die alten Ägypter als göttlichen Skarabäus verehrten.

Hauchzarte Stars

Der tropische Bananenfalter saugt mit seinem aufrollbaren Rüssel an einer überreifen Frucht.

Leider mögen viele Menschen Insekten nicht besonders. Mit einer Ausnahme: So gut wie jeder findet Schmetterlinge schön. In mancher Hinsicht sind Falter das genaue Gegenteil der Käfer: Sie sind Geschöpfe der Luft und tüchtige Flieger, aber zart und leicht verletzbar. Sie jagen nicht, sondern saugen mit ihren langen Rüsseln süße Säfte. Doch so zerbrechlich sie auch wirken, können sich Schmetterlinge in der Natur doch gut durchsetzen. Nach den Käfern sind sie die artenreichste Insektengruppe überhaupt. Ihr Erfolg hat viel damit zu tun, dass sie einen Großteil ihres Lebens eben nicht als elfenhafte Falter verbringen, sondern als vergleichsweise robuste und unheimlich gefräßige Raupen. Der prachtvolle Schmetterling hat ja nur die eine Aufgabe, sich fortzupflanzen. Er entspricht gewissermaßen der Blüte einer Pflanze – und vergeht meist ebenso schnell. Manche Falter nehmen als erwachsene Tiere nicht einmal mehr Nahrung zu sich.

Blaues Wunder

Der Blaue Morphofalter aus Mittelamerika schimmert wie ein kostbarer Edelstein.

Schneewittchen

Weiß wie Schnee, schwarz wie Ebenholz, rot wie Blut – dieser Heliconius-Falter ist märchenhaft schön.

Schon gewusst?

Helle, trichterförmige Blüten wie Nachtkerze oder Phlox werden vor allem von Nachtfaltern bestäubt. Sie sind auch bei schwachem Licht noch zu erkennen. Oft duften sie zudem sehr stark.

Rekord

30 Zentimeter

Flügelspannweite erreicht der Nachtfalter Thysania agrippina aus Lateinamerika. Man nennt ihn auch Weiße Hexe.

Fressen ohne Pause

Raupen hingegen müssen nicht auf Partnersuche durch die Gegend fliegen. Sie können ihre ganze Energie darauf verwenden, zu fressen, zu wachsen, sich zu häuten und weiterzufressen. Um nicht aufzufallen, tragen sie meist ein grünes oder braunes Tarnkleid. Bunt gemusterte Raupen sind gewöhnlich giftig oder schmecken fies.
Viele Raupen sind auf ganz bestimmte Nahrungspflanzen spezialisiert. Eine beliebte Futterpflanze, an der zum Beispiel der Nachwuchs von Tagpfauenauge und Admiral knabbert, ist die Brennnessel. Aber leider mögen manche Raupen Nutzpflanzen gern und können ziemliche Schäden in der Landwirtschaft anrichten. Doch ohne die kleinen Vielfraße gäbe es auch keine tollen Falter!

Geheimnisvolle Nachtfalter

Die Schmetterlinge, die wir kennen und bewundern, machen nur einen kleinen Teil dieser riesigen Sippschaft aus. Schönheiten wie Tagpfauenauge, Zitronenfalter oder Admiral gehören allesamt zu den Tagfaltern. Von den Nachtfaltern und Motten, die im Dunkeln unterwegs sind, wissen wir kaum etwas. Nur wenn wir im Sommer spätabends das Flattern um eine helle Laterne bemerken, bekommen wir eine Ahnung von der verborgenen Welt der Nachtinsekten. Das ist schade, denn unter ihnen findet man wirklich fantastische Arten. Während Tagfalter sich vor allem mit den Augen orientieren, sind Nachtfalter im Dunkeln auf ihren Geruchssinn angewiesen. Sie locken ihre Sexualpartner nicht mit schönen Mustern an, sondern mit Duftstoffen, die man auch Pheromone nennt.

Winzige Schuppen geben Schmetterlingsflügeln ihre häufig schillernden Farben.

Saftsauger
Das Taubenschwänzchen erinnert an einen Kolibri.

Zugvögel
Eine der weitesten Wanderungen im Tierreich unternimmt ausgerechnet der zarte Monarchfalter. Er überwintert in einem winzigen Gebiet in Mexiko und zieht im Frühjahr bis zu 3 600 Kilometer weit nach Norden! Dabei fliegt er oft mehrere Hundert Meter hoch.

Warnfarbe
Bei manchen Arten wie dem Totenkopfschwärmer trägt nicht der Falter, sondern die Raupe ein auffälliges Kleid.

Der erwachsene Totenkopfschwärmer wirkt eher unscheinbar.

Fürsorgliche Mütter

Die Hautflügler sind neben Käfern, Schmetterlingen und Zweiflüglern die vierte große, extrem artenreiche Insektengruppe. Ihr Name bezieht sich auf die Flügel, die (wie bei anderen Insekten allerdings auch) aus einer Chitinhaut bestehen. Eigentlich sind alle Hautflügler Wespen, auch wenn wir mit diesem Begriff meist nur die schwarz-gelben Echten Wespen meinen. Sie gliedern sich in zwei Gruppen: Die Pflanzenwespen, denen die typische Wespentaille fehlt, und die Taillenwespen mit ihrem tiefen Einschnitt zwischen Brust und Hinterleib.
Zu dieser Gruppe gehören auch die Ameisen, die also nichts anderes als flügellose Wespen sind. Nur die Königinnen und Männchen können fliegen. Nach dem Hochzeitsflug beißt die Königin ihre Flügel jedoch ab. In ihrem künftigen Leben im Nest würden sie bloß stören.
Während Pflanzenwespen Vegetarier sind, leben die allermeisten Taillenwespen räuberisch. Eine Ausnahme machen die Bienen und Hummeln, die sich von Nektar und Pollen ernähren. Außerdem gibt es einige Ameisenarten, die fast ausschließlich Pflanzensamen fressen.

Rossameisen-Arbeiterinnen pflegen ihre Larven und die kapselförmigen Puppen hingebungsvoll.

Papierkunst

Wespen bauen ihre Nester aus zerkautem, mit Speichel vermischtem Holz. Während die bekannten Echten Wespen riesige Völker bilden, begnügen sich Feldwespen mit kleinen Nestern, die sie an Pflanzenstängeln befestigen.

Unglaublich!

Das soziale Zusammenleben der Ameisen ist ein absolutes Erfolgsmodell. Die kleinen Krabbler gehören zu den häufigsten Tieren auf der Erde. Es gibt so viele Ameisen, dass die Winzlinge zusammen ungefähr so viel wiegen wie die gesamte Menschheit!

Kinderzimmer

Jede Bienenlarve wächst in ihrer eigenen Wabe heran und wird von Arbeiterinnen versorgt.

Die Zweifarbige Mauerbiene nutzt leere Schneckenhäuser, um ihre Eier darin abzulegen.

Die drei Kasten der Honigbiene unterscheiden sich deutlich in Größe und Körperbau. Die männlichen Drohnen sterben kurz nach der Paarungszeit.

Wichtige Wildbienen

Erst kürzlich haben Forscher herausgefunden, dass Wildbienen noch mehr zur Befruchtung von Nutzpflanzen beitragen als Honigbienen. Leider geht die Zahl der Wildbienen stark zurück. Schuld daran sind wahrscheinlich Insektengifte, die Landwirte auf ihre Felder spritzen.
Zu den Wildbienen gehören auch die Hummeln. Sie können wegen ihres dichten Pelzes selbst bei kühlem Wetter auf Nahrungssuche gehen.
Während Hummeln kleine Völker bilden, leben die meisten anderen Wildbienen als Einzelgänger. Viele bauen Nester in bröckeligen Mauern, morschem Holz oder sogar in leeren Schneckenhäusern.
Was Hautflügler von den meisten anderen Insekten unterscheidet, ist die unter ihnen weitverbreitete Brutpflege. Praktisch alle Taillenwespen legen ihre Eier nicht einfach irgendwo ab und verabschieden sich, wie es bei Fliegen, Schmetterlingen und Käfern normal ist. Vielmehr schaffen sie Nahrung für ihre Larven heran. Oder sie sorgen als Parasiten für ihren Nachwuchs, indem sie ihre Eier in fremde Nester einschmuggeln.

Von der Brutpflege zum Insektenstaat

Bei einigen Hautflüglern hat die mütterliche Fürsorge eine ganz neue Dimension erreicht: Sie leben in Insektenstaaten zusammen, in denen sich Hunderte oder gar Tausende Arbeiterinnen um die Brut kümmern. Echte Wespen und Ameisen, Hummeln und Honigbienen füttern, pflegen und beschützen ihren Nachwuchs eifrig. Schließlich stammen alle Tiere im Volk von derselben Königin ab und sind somit Schwestern. Weil ihre Väter ihr ganzes Erbgut weitergeben, sind Hautflüglerschwestern sogar noch enger miteinander verwandt als andere Geschwister.

Schon gewusst?

Die Larven der Blattwespen nennt man Afterraupen. Sie sehen Schmetterlingsraupen zum Verwechseln ähnlich. Allerdings besitzen echte Raupen neben ihren sechs Beinen maximal acht sogenannte Bauchbeine. Afterraupen hingegen tragen zehn oder mehr dieser knubbeligen Fortsätze am Hinterleib.

Sirrende Störenfriede

Manche Mückenlarven hängen kopfüber unter der Wasseroberfläche.

Zugegeben: Diese Gruppe von Insekten kann uns ganz schön auf die Nerven gehen. Denn zu den Zweiflüglern gehören nicht nur die allgegenwärtigen Stubenfliegen, sondern auch stechende Bremsen und blutsaugende Mücken. Glücklicherweise lässt der größte Teil der 160 000 bekannten Zweiflügler uns Menschen aber in Ruhe – oder macht sich sogar nützlich. Die hübschen Schwebfliegen etwa sind neben den Bienen die zweite wichtige Gruppe von Blütenbestäubern.

Schon gewusst?

Kaum einem Tier verdanken Wissenschaftler so viele Erkenntnisse wie der Fruchtfliege Drosophila melanogaster. Weil sie sich so schnell vermehrt, sich leicht züchten lässt und ein überschaubares Erbgut besitzt, wurde sie zum bevorzugten Versuchstier der Genforscher.

Saugen und Lecken

Zweiflügler lassen sich in zwei Typen unterscheiden: Das Modell »Mücke« ist schlank, meist klein und scheint nur aus Beinen und Flügeln zu bestehen. Bei vielen Arten entwickeln sich die Larven im Wasser. Mücken besitzen meist einen kurzen, stabilen Saugrüssel, mit dem sie Pflanzensäfte oder Blut schlürfen. Viele Arten leben jedoch so kurz, dass die erwachsenen Tiere gar nichts fressen.

Das Modell »Fliege« hingegen ist wesentlich kräftiger gebaut, rundlich und oft behaart. Unter Fliegen findet man harmlose Blütenbesucher und Vegetarier ebenso wie Räuber, Aasfresser und Parasiten. Fliegen besitzen häufig einen Leckrüssel mit kissenartig verbreitertem Ende. Damit betupfen sie feste Nahrung, weichen sie mit Speichel ein und saugen den Brei dann auf.

Schwebfliegen laben sich an Blüten und werden uns niemals lästig.

Große Augen, viele Haare und ein Leckrüssel bilden die typische Ausstattung einer Fliege.

Im Gespräch
mit einer Stubenfliege

Name: Stubenfliege
Alter: zwei Tage
Hobbys: fressen

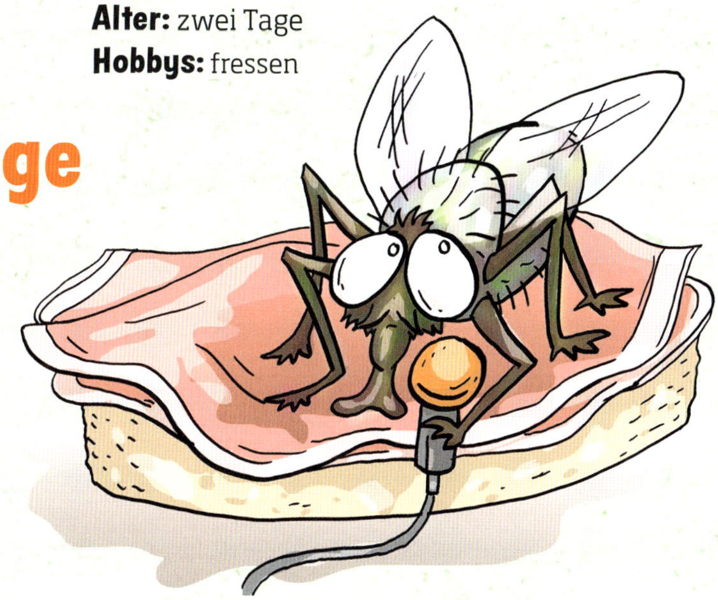

Ich würde mich ja gern mit dir unterhalten, aber bitte verlasse mein Schinkenbrötchen!

Entschuldigung, das roch gerade so gut. Kann es sein, dass der Schinken nicht mehr ganz frisch ist?

Wie kommst du darauf?

Nun ja, die Riechzellen an meinen Füßen melden mir, dass die bakterielle Zersetzung deines Brotbelags schon begonnen hat.

Igitt. Also bitte schön, bediene dich!

Um ehrlich zu sein, bin ich nicht ganz unschuldig daran. Ich habe gestern schon auf dem Aufschnittteller gesessen und wohl ein paar Bakterien mitgebracht. War keine Absicht.

Warum musst du dich auch überall herumtreiben?

Ich lasse eben nichts verkommen. Was ihr in den Müll schmeißt oder was andere Tiere so fallen lassen, ist doch noch sehr nahrhaft. Mir schadet das ganze faulende und verwesende Zeug ja nicht.

Aber uns infizierst du mit allen möglichen Krankheiten.

Wasch dir halt ordentlich die Hände und achte auf Hygiene. Wo keine Keime sind, kann ich auch keine übertragen!

Kannst du verstehen, dass wir dich widerlich finden?

Ihr bekommt, was ihr verdient. Ohne euch Menschen gäbe es uns Stubenfliegen ja nicht. Wir konnten uns nur über die ganze Welt verbreiten, weil ihr uns so gute Lebensbedingungen bietet.

Irgendwann werden wir euch schon ausmerzen!

Versucht es gar nicht erst. Ihr erwischt ja doch nur die Falschen. So viele harmlose und nützliche Insekten verschwinden, weil ihr sie vergiftet. Wir hingegen gewöhnen uns schnell an Gifte. Schließlich sind wir so anpassungsfähig wie kaum ein anderes Tier.

Also müssen wir einfach mit euch leben?

Na klar! Aber sieh es mal positiv: Wir Fliegen sind eine wichtige Nahrung für Fische, Frösche und Singvögel. Und die mögt ihr doch.

Hüpfende Rasselbande

Landplage
Wanderheuschrecken vernichten in Afrika oft die ganze Ernte. Wenigstens kann man die Tierchen fangen und essen.

Krik, krik, krik – an Sommerabenden draußen im Grünen sind Heuschrecken nicht zu überhören. Sie zu Gesicht zu bekommen, ist schon schwieriger. Gewöhnlich tragen sie ein grünes oder bräunliches Tarnkleid. Nähert man sich ihrem Versteck, bringen sich die Tierchen aber mit einem großen Satz in Sicherheit. Selten sieht man sie ihre Flügel benutzen, obwohl einige Arten schnelle und ausdauernde Flieger sind.
Musik machen nur männliche Heuschrecken. Sie locken damit Weibchen an, um sich zu paaren. Viele Heuschreckenarten sehen sich äußerlich sehr ähnlich, doch am Gesang lassen sie sich eindeutig unterscheiden. Um zu zirpen, reiben die Tiere Teile ihres Körpers gegeneinander, meist Flügel oder Beine. Diese Art, Geräusche zu erzeugen, nennt man Stridulation. Die heimische Feldgrille zum Beispiel besitzt an ihrem rechten Hinterflügel eine Reihe winziger Zähnchen. Damit streicht sie über die sogenannte Schrillkante am linken Flügel. Das Ergebnis klingt – man ahnt es – schrill. Zikaden übrigens sind keine Heuschrecken und machen ganz anders Musik: Sie besitzen ein Trommelorgan am Hinterleib.

Musikant
Das Wärme liebende Heimchen kommt bei uns vor allem in Gebäuden vor.

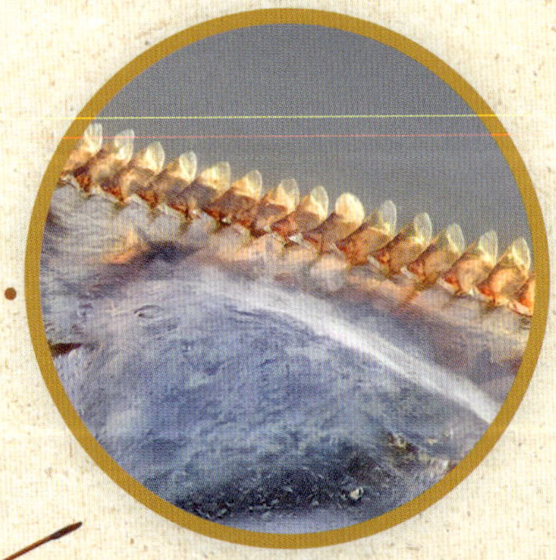

Instrument
Mit der dicht bezahnten Schrillkante am Flügel erzeugt das Heimchen sein helles Zirpen.

Unglaublich!

Maulwurfsgrillen besitzen Grabschaufeln, die den Vorderpfoten von Maulwürfen verblüffend ähnlich sehen. Insekt und Säugetier sind in keiner Weise verwandt, haben jedoch viele Gemeinsamkeiten: Beide verbringen ihr Leben im Untergrund, graben Tunnel und stellen Insektenlarven nach.

Abgesang

Früher war die Feldgrille überall auf dem Land zu hören, heute macht sie sich leider rar.

Biblische Plage

Schon die alten Ägypter kannten und fürchteten die Wanderheuschrecke.

Der Baumhummer gehört zu den Gespenstschrecken, nahen Verwandten der Heuschrecken. In Australien galt er fast 100 Jahre lang als ausgestorben, ...

... doch im Jahr 2001 entdeckten Forscher ein paar Tiere auf einem Strauch, der auf einer winzigen Felsinsel weit draußen im Ozean wuchs. Nun wird der Baumhummer nachgezüchtet.

Auf die Fühler kommt es an

Heuschrecken teilt man in zwei Gruppen ein: Die Langfühler- und die Kurzfühlerheuschrecken lassen sich - Überraschung! – an der Länge ihrer Antennen unterscheiden. Grille ist nicht etwa ein anderes Wort für Heuschrecke; vielmehr sind die Echten Grillen eine Untergruppe der Langfühlerheuschrecken. Grashüpfer wiederum gehören zu den Kurzfühlerheuschrecken.

Die ägyptische Plage

Heuschrecken sind hemimetabol, ihre Larven ähneln den erwachsenen Tieren also schon sehr. Die meisten Arten fressen Pflanzen, einige wenige leben jedoch auch räuberisch. Eher untypisch für Insekten ist, dass Heuschrecken bei ihrer Ernährung nicht besonders wählerisch sind. Sie ziehen zwar bestimmte Futterpflanzen vor. Gibt es diese aber gerade nicht, fressen die Hüpfer auch anderes Grünzeug. Diese Anpassungsfähigkeit erklärt wohl ihre weite Verbreitung.

In Afrika und Vorderasien sind Wanderheuschrecken wegen ihres Appetits gefürchtet. Plötzlich auftauchende Schwärme mit Millionen Tieren können im Handumdrehen ein ganzes Feld kahl fressen. Schon in der Bibel spielen die gierigen Insekten eine Rolle: Heuschrecken waren die achte von zehn Plagen, mit denen Gott die Ägypter heimsuchte. So brachte er den Pharao dazu, Moses und sein Volk Israel aus der Gefangenschaft zu entlassen.

Grünhemd

Das Grüne Heupferd ist die bekannteste Heuschrecke Mitteleuropas. Sie wird gut vier Zentimeter lang und mag hohes Gras.

Was sonst so kreucht und fleucht

Das Reich der Insekten gliedert sich in etwa 30 Ordnungen. So nennen Biologen die großen Gruppen miteinander verwandter Arten. Die wichtigsten, wie Käfer, Zweiflügler und Schmetterlinge, hast du bereits kennengelernt. Hier ein paar weitere interessante Ordnungen.

Der Gemeine Ohrwurm bewacht sein Gelege.

Der Sandohrwurm lebt an Fluss- und Meeresufern, aber auch in Braunkohlegruben.

Schaben

Sie sind eng verwandt mit den Staaten bildenden Termiten sowie mit den Fangschrecken, zu denen die Gottesanbeterin gehört. Es handelt sich um eine ziemlich alte Gruppe von Insekten, deren Larven eine unvollständige Verwandlung durchlaufen. Die meisten Arten lieben Wärme und kommen in den Tropen vor. Die bei uns lebenden Vertreter quartieren sich gern in beheizten Gebäuden ein, insbesondere die ungeliebte, weil unhygienische Küchenschabe.

Diese indische Wüstenschabe wird auch Dominoschabe genannt und beweist, dass nicht alle Kakerlaken hässlich sind.

Ohrwürmer

Nein, sie kriechen dir nicht ins Ohr und kneifen können sie dich auch nicht. Ohrwürmer sind harmlos. Einige, wie der bei uns verbreitete Gemeine Ohrwurm, machen sich sogar als Blattlausjäger beliebt. Sympathisch macht die Tiere auch, dass sie sich liebevoll um ihre Brut kümmern. Sie bewachen und säubern ihre Eier und Larven, die bei manchen Arten sogar von der Mutter gefüttert werden.

Köcherfliegen

Während die erwachsenen Tiere allenfalls durch ihre langen Fühler auffallen, machen die unter Wasser lebenden Larven als Baumeister Furore. Mit klebriger Spinnseide fügen sie Pflanzenstängel, Steinchen oder Schneckenhäuser zu Wohnröhren zusammen. In diesen köcherartigen Gebilden verpuppen sich die Larven schließlich.

Köcherfliegenlarven sind begabte Architekten. Manche Arten bauen Häuser aus Stein …

… andere ziehen Pflanzenstängel vor.

Die Larven der Eintagsfliegen leben je nach Art bis zu vier Jahre unter Wasser.

Eintagsfliegen

Ihr Name ist Programm: Nach der letzten Häutung steigen diese sehr urtümlichen Insekten in gewaltigen Schwärmen auf, um sich zu paaren. Danach werfen die Weibchen noch schnell ihre Eier über einem Gewässer ab – und das war's. Wie bei vielen Insekten spielt sich das eigentliche Leben im Larvenstadium ab. Das verbringen Eintagsfliegen unter Wasser, wo sie vorwiegend pflanzliche Kost knabbern. Da sie nur in sauberen Bächen und Flüssen überleben, sind viele Arten selten geworden.

Eintagsfliegen erkennt man an den zwei oder drei langen Fäden am Hinterleib.

Netzflügler

Zu den oft sehr hübschen Netzflüglern gehört die bekannte Grüne Florfliege, die sich im Winter manchmal ins Haus verirrt. Ihre Larven sind als fleißige Blattlausvertilger bei Gärtnern gern gesehen. Eines der ungewöhnlichsten Insekten überhaupt ist die Ameisenjungfer - oder vielmehr deren Larve, der Ameisenlöwe. Das Tierchen baut trichterförmige Fallen in Sandböden und gräbt sich selbst am unteren Ende ein. Betritt eine Ameise den Trichter, kommt sie ins Rutschen und fällt. Sofort schnellt der Jäger aus dem Untergrund und schnappt seine Beute.

Der Ameisenlöwe lauert im Sand vergraben auf seine nichts ahnende Beute.

Aus der monströsen Larve wird ein überraschend zartes Insekt: die Ameisenjungfer.

Die Bunte Blattwanze schmückt sich mit einem hübsch gefärbten Rückenschild.

Schnabelkerfe

Schnabel ... was? Von dieser artenreichsten Gruppe der hemimetabolen Insekten hast du vielleicht noch nie gehört, bist ihnen aber sicher schon begegnet. Hierzu zählen nämlich die Wanzen, Blattläuse und Zikaden. Allesamt besitzen sie stechend-saugende Mundwerkzeuge, mit denen sie zumeist Pflanzensäfte schlürfen. Raubwanzen hingegen jagen andere Insekten. Der meistgehasste Schnabelkerf ist aber wohl die blutsaugende Bettwanze.

Die nur fünf Millimeter kleine Ginsterzikade saugt Pflanzensaft.

Wie viele Blattläuse bringt auch die Sojabohnenblattlaus lebende Junge zur Welt.

Der große Schwund

Für immer verloren

Der prachtvolle Urania-falter von der Insel Jamaica starb schon vor mehr als 100 Jahren aus.

Als deine Eltern so alt waren wie du, mussten Autofahrer im Sommer ihre Scheiben noch regelmäßig putzen, weil so viele tote Insekten daran klebten. Heute bleiben die Autofenster meist sauber, denn die Zahl der Insekten hat dramatisch abgenommen. Das ist nicht nur bei uns so, sondern überall auf der Welt. So sind in Europa zehn Prozent aller Schmetterlingsarten, 14 Prozent der Libellen und elf Prozent der holzbewohnenden Käfer vom Aussterben bedroht. Bei vielen unauffälligen Fliegen, Mücken und anderen Winzlingen weiß man gar nicht genau, wie es um die Spezies steht.
Da die meisten Menschen Insekten nicht besonders mögen, blieb das Artensterben lange unbemerkt. Naturschützer kämpfen für knuddelige Tiere wie Pandabären oder Elefanten. Aber kaum jemand setzt sich für den Schutz des Pappelprachtkäfers oder der Schwarzen Mörtelbiene ein. Beide stehen in Deutschland vor dem Aussterben – wie Hunderte andere Insekten auch.

Die Natur leert sich

Doch der Verlust seltener Spezies ist nur ein Teil des Problems. Längst gehen auch die Bestände einst häufiger Insekten erschreckend zurück. Selbst Allerweltsarten wie die Schmetterlinge Tagpfauenauge und Kleiner Fuchs lassen sich immer seltener blicken. Die Natur leert sich.
Das bleibt nicht ohne Folgen für andere Tiere: Vögel und Igel, Reptilien, Fische und Frösche müssen ohne Insekten als

Abwasser

Die Larven von Libellen, Mücken und Eintagsfliegen brauchen sauberes Wasser.

Pestizide töten auch harmlose Insekten. Auf Weinbergen wird Gift manchmal sogar aus der Luft verspritzt.

Nahrung hungern. Und auch wir Menschen werden künftig für Obst und Fruchtgemüse wohl mehr Geld bezahlen müssen. Denn wenn es nicht mehr genug Wildbienen und Schwebfliegen gibt, die Nutzpflanzen bestäuben, fallen die Ernten dürftig aus. Es gibt viele Gründe für den Kerbtiertod: Natürliche Lebensräume werden zerstört und in Äcker verwandelt oder zugebaut. Katastrophal wirkt sich vor allem die Abholzung der tropischen Wälder aus, in denen die größte Insektenvielfalt lebt. Bei uns im Wald bleiben zu wenig alte und tote Bäume stehen, auf die viele Käferarten angewiesen sind. Gewässer, in denen Insektenlarven aufwachsen, werden mit Dünger und Chemikalien verseucht. Und auch die allgegenwärtige Lichtverschmutzung fordert zahllose kleine Leben: Abermillionen nachtaktiver Insekten verenden jährlich an Straßenlaternen.

Monokulturen

In solchen eintönigen Stangenwäldern finden nur wenige Insekten ihr Auskommen.

Totholz

Alte, abgestorbene Stämme sind ein wichtiger Lebensraum für viele Käferarten.

Tod durch Pestizide

Am meisten Verantwortung für den Insektenschwund bei uns in Europa tragen jedoch die Landwirte, die ihre Felder mit Pestiziden besprühen. Bestimmte Insektengifte, die sogenannten Neonicotinoide, reichern sich in lebenden Pflanzen an – und zwar nicht nur auf dem Acker, sondern auch am Feldrand. Die betroffenen Pflanzen bleiben für lange Zeit giftig und töten jedes Insekt, das an ihnen knabbert oder Nektar saugt. So schalten die Bauern nicht nur Schädlinge aus, sondern auch nützliche Tierchen wie Bienen und Hummeln.

Bienenmensch

Weil es in Teilen Chinas keine Bienen mehr gibt, müssen dort Obstbäume von Hand bestäubt werden.

Kleine Helfer ersetzen die Giftspritze

Biobauern machen es vor: Blattläuse, Kartoffelkäfer und gefräßige Raupen lassen sich auch ohne Gift unter Kontrolle halten. Eine Schlüsselrolle in der ökologischen Landwirtschaft spielen Nützlinge, die von Natur aus Ackerschädlinge vertilgen. So fressen Marienkäfer- und Florfliegenlarven massenhaft Blattläuse. Besonders fleißige Helfer sind die Schlupfwespen, die ihre Brut mit erbeuteten Insekten füttern. Da diese Parasiten meist auf bestimmte Opfer spezialisiert sind, können Landwirte jeweils den passenden Nützling einsetzen.

Der Kahlschlag der tropischen Regenwälder vernichtet zahllose, oft noch unbekannte Insektenarten.

Insekten beobachten und schützen

Wildblumen und Kräuter wie Lavendel bieten nicht nur dieser Biene reichlich Nahrung.

Zum Glück ist es gar nicht schwierig, bedrohten Insekten zu helfen. Da es sich um kleine Tiere handelt, kann Naturschutz selbst auf begrenzter Fläche etwas bewirken. Wenn du in einem Haus mit Garten lebst, kannst du deine Eltern überzeugen, eine Wiese anzulegen. Hohes Gras mit Wildblumen bietet Schmetterlingen, Wildbienen und Heuschrecken einen Lebensraum – und macht viel weniger Arbeit als ein Rasen!
Überhaupt können Gärtner viel tun, um Insekten anzulocken: Blühende Stauden und Sträucher ernähren mehr Kleinlebewesen als immergrüne Nadelbäume und gestutzte Hecken. Wichtig sind auch Schlupfwinkel und Nistmöglichkeiten. Deshalb sollte ein Garten ruhig ein paar unordentliche Ecken mit Gestrüpp und Holzstapeln haben. Viele Wildbienen quartieren sich gern in einem Insektenhotel aus hohlen Stängeln und angebohrten Holzstücken ein. Bauanleitungen findest du im Internet. Aber auch wenn deine Familie nur einen Balkon besitzt, kannst du Wildblumen in Töpfen und Kästen pflanzen. Besonders beliebt bei Bienen und Hummeln sind Kräuter wie Oregano, Thymian, Lavendel und Salbei. Schmetterlinge mögen den Sommerflieder, auch Schmetterlingsstrauch genannt.

Abenteuer im Lavendelbusch

Wenn du dich auf einer blühenden Wiese oder vor einem Kräuterbusch auf die Lauer legst, wirst du nicht lange warten müssen, bis du die ersten Insekten beobachten kannst. Oft ist das unglaublich spannend: Vielleicht erlebst du den Zweikampf zwischen einer Spinne und einer ins Netz

Wären alle Gärten im Land so naturnah gestaltet, ginge es unseren Insekten besser!

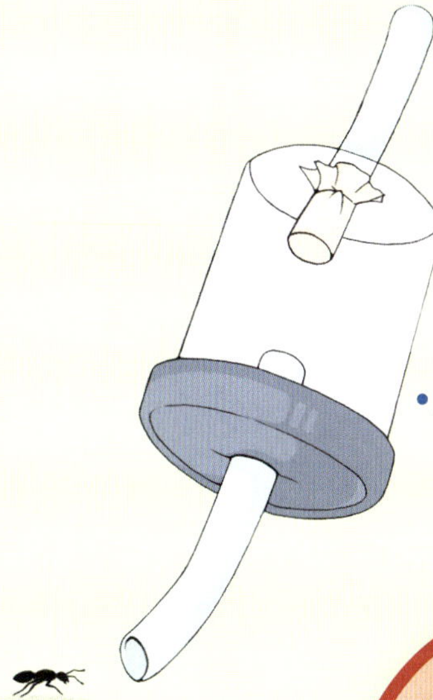

Mit einem selbst gebauten Exhaustor aus Gummischläuchen und Gazestoff kann man Insekten schonend einfangen.

gegangenen Wespe. Oder du wirst Zeuge, wie eine Hornisse eine Hummel erbeutet. Leider haben viele Insekten die Unart, selten stillzuhalten. Deshalb ist es oft schwierig zu bestimmen, welche Art man da eigentlich vor sich hat. Eine Becherlupe hilft in solchen Fällen weiter. Einfangen lassen sich größere Insekten – natürlich ganz vorsichtig! – mit einem Kescher, kleine mit einem selbst gebauten Exhaustor. Das ist ein Gerät aus zwei Schläuchen und einem Behälter dazwischen. Das eine Schlauchende hält man nahe an das Insekt, am anderen saugt man kräftig und – schwupps! – ist das Tierchen im Behälter gefangen. Damit man es nicht versehentlich verschluckt, dichtet man das untere Ende des Mundstücks mit etwas Gazestoff oder Mullbinde ab. Und bitte vergiss nicht, das Insekt nach ausgiebiger Betrachtung wieder dort freizulassen, wo du es gefangen hast.

Stabheuschrecke als Haustier

Wer sich so richtig für Insekten begeistert, will vermutlich das eine oder andere Exemplar über längere Zeit beobachten. Es ist allerdings verboten, wilde Tiere in der Natur zu fangen und zu behalten. Zoohandlungen bieten jedoch interessante Insekten an, die sich im Terrarium wohlfühlen. Besonders beliebt bei Anfängern sind Stabheuschrecken.

Stabheuschrecken sind zwar nicht gerade kuschelig, aber gut als Haustier geeignet.

Schon gewusst?

Im Zoogeschäft oder im Internet gibt es Schmetterlingsraupen zu kaufen. Sie wurden in Gefangenschaft gezüchtet und lassen sich gut im Terrarium halten, wenn man sie täglich mit frischem Grün versorgt. Zu beobachten, wie sich eine Raupe verpuppt und später der fertige Falter aus der Puppenhülle schlüpft, ist ein unvergessliches Erlebnis!

Agrarwende

Nicht nur den Insekten geht es schlecht, auch andere Tiere in Mitteleuropa werden immer seltener. Es ist deshalb höchste Zeit, dass sich die Landwirtschaft ändert: Bauern müssen weniger Gift versprühen, weniger Dünger auf ihre Felder kippen und mehr Land für Wildtiere und -pflanzen in Ruhe lassen. Leider haben die Bauernverbände und Chemiekonzerne viel Einfluss auf die Politik und leisten Widerstand. Aber auch wir Verbraucher haben Macht: Statt immer zu den billigsten Waren zu greifen, können wir Biolebensmittel kaufen. Damit fördern wir eine naturverträgliche Landwirtschaft.

Bio
nach EG-Öko-Verordnung

Das deutsche Bio-Siegel steht für kontrollierte Öko-Landwirtschaft.

Auch das europäische Bio-Logo garantiert, dass der Bauer die EU-Vorschriften zum Öko-Landbau einhält.

Die großen, glänzenden Augen der Nachtfalter fangen noch das schwächste Licht ein.

Die Oberfläche dieser Augen war Vorbild für eine neuartige Beschichtung von Solarzellen.

Solarzellen

Was wir von Insekten lernen können

Jede Tierart ist eine Antwort der Natur auf die Herausforderungen, die das Dasein in einem bestimmten Lebensraum mit sich bringt. Oft lassen sich diese Lösungen auf ähnlich gelagerte Probleme übertragen. Bei den 800 000 bislang bekannten Insektenarten finden sich viele Ansätze für nützliche Techniken.

So müssen die Augen eines Nachtfalters möglichst viel Licht einfangen, um im Dunkeln überhaupt noch etwas zu sehen. Deshalb ist ihre Oberfläche so beschaffen, dass sie praktisch kein Licht zurückwirft. Nach diesem Vorbild entwickelten Wissenschaftler eine Beschichtung für Solarzellen, die ja auch möglichst viel Sonnenlicht aufnehmen sollen, um es dann in Strom umzuwandeln.

Die Belüftungskamine der Termitenbauten wiederum lieferten die Idee für neuartige Klimaanlagen. Und der staksige Gang der Stabheuschrecken inspiriert Ingenieure beim Bau von Robotern, die sich in holprigem Gelände fortbewegen können.

Stoff für schicke Kleider

Schon vor Jahrtausenden brachte die Beobachtung von Insekten Menschen auf geniale Ideen. Eine der besten war wohl die Entdeckung der Seide. Verpuppt sich die Raupe des Seidenspinners, wickelt sie sich in einen Kokon ein. Das Gespinst besteht

Schon gewusst?

Bei Mordfällen sind Insekten oft wichtige Zeugen. Denn je nach Art bevorzugen Fliegen und Käfer Kadaver in unterschiedlichem Verwesungszustand. Als Erste legen beispielsweise Schmeißfliegen ihre Eier auf einer Leiche ab. Deshalb verraten die Larven, die man auf einem Toten findet, wann er gestorben ist. Außerdem können sie wichtige Hinweise auf den Tatort geben.

Dieser Roboter kann auch in holprigem Gelände laufen, ohne umzukippen.

Roboter

Seine Fortbewegung ahmt den Gang der Stabheuschrecken nach.

Seidenspinner
Diese mäßig attraktiven Raupen produzieren zarte und doch robuste Seidenfäden.

aus einem einzigen Faden, der mehr als einen Kilometer lang sein kann und sich zu Stoffen verarbeiten lässt. Vermutlich kam die Zucht von Seidenraupen erstmals in China auf.
Die Indianer in Süd- und Mittelamerika hingegen entdeckten, dass man aus Cochenilleläusen einen karminroten Farbstoff gewinnen kann. Diese Schildläuse saugen an Opuntienkakteen. Noch heute verwendet man Cochenille als Farbstoff für Lebensmittel und Lippenstifte.

Kein Stoff schimmert schöner als echte Seide.

Werden die Seidenkokons nicht verarbeitet, schlüpfen daraus weiße Nachtfalter.

Knusprige Grillen, leckere Maden

Die Haltung von Insekten als Nutztiere liegt derzeit im Trend. Da die Erzeugung von Fleisch in Massenställen große Umweltprobleme und Leid für die Tiere mit sich bringt, setzen Fachleute auf Insekten als gesunden, eiweißreichen Ersatz. Für uns klingt die Idee, Krabbeltiere zu verspeisen, zunächst zwar ein bisschen eklig. Aber in vielen Ländern gelten knusprige Grillen oder saftige Maden als Delikatesse. Und wer beißt nicht gern in ein leckeres Krabbenbrötchen? Die kleinen Krebse sind schließlich mit Insekten verwandt.

Es gibt in Deutschland sogar schon Farmen, die in großem Stil Fliegenmaden züchten. Die werden jedoch nicht als Lebensmittel verkauft, sondern zu Tierfutter verarbeitet. Das ist sinnvoll, weil Landwirte derzeit vor allem Soja an Schweine und Geflügel verfüttern. In Südamerika wird jedoch für Sojafelder Regenwald abgeholzt.

Delikatesse
Experten sehen in Insekten eine wichtige Nahrungsquelle für eine Zukunft ohne Hunger.

Cochenilleläuse leben auf Feigenkakteen. Obwohl sie selbst weiß sind ...

... liefern sie einen roten Farbstoff für Lippenstifte und Lebensmittel.

Rezept: Pikante Heuschrecken

Flügel und Sprungbeine entfernen, dann Heuschrecken in einer Pfanne ohne Öl anrösten. Etwas Öl hinzugeben und mit Salz, Pfeffer und Chilipulver würzen. Mit einem fruchtig-scharfen Dip servieren. Essbare Heuschrecken kann man im Internet bestellen.

Das große Insektenquiz

Wahrscheinlich ist keine andere Tiergruppe so vielgestaltig und immer wieder so überraschend wie die Insekten. Da gibt es zauberhafte und absonderliche Kreaturen, gruselige und lustige Gestalten, unscheinbare und schrille Erscheinungen. Und nicht alles ist, was es auf den ersten Blick zu sein scheint. Erkennst du, was diese Bilder zeigen?

1

Hier war wohl ein Feinmechaniker am Werk.

3

Für diesen schwarz-blauen Leoparden-Look braucht man eine schlanke Taille.

2

Wieso hat dieser flauschige Moosteppich denn Beine?

4

Klar, Insekten können fliegen – aber seit wann haben sie Federn?

5

Manchmal ist das Ganze mehr als die Summe seiner Teile.

6

Sieht ziemlich eklig aus. Ist aber nicht so fies, wie es scheint.

7

Nein, dieses Werkzeug bohrt keine Löcher.

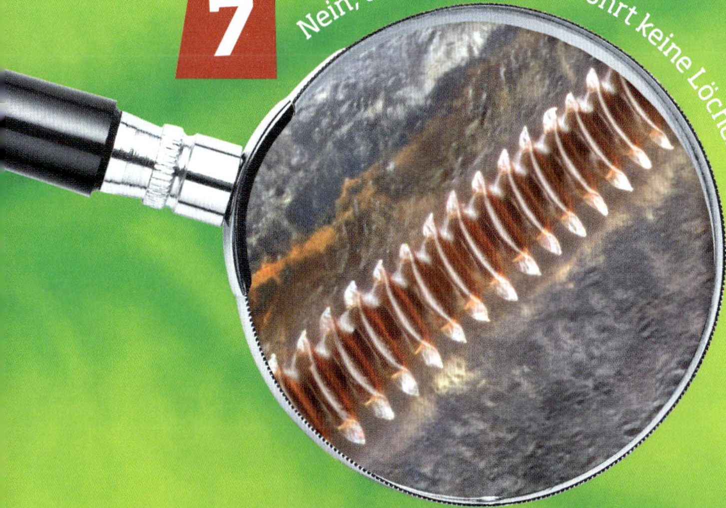

8

Ob diese schöne grüne Kugel in die Zukunft blicken kann?

9

Wer glotzt da so? Ein außerirdisches Wesen mit Stielaugen?

Lösung

1. Saugrüssel eines Schmetterlings (Seite 8) **2.** Pfauenspinnerraupe (Seite 16) **3.** Alpenbockkäfer (Seite 28) **4.** Fühler eines Nachtfalters (Seite 11) **5.** Bienenschwarm (Seite 25) **6.** Vogelkot-Mimese bei Gottesanbeterin (Seite 21) **7.** Schrillkante eines Heimchens (Seite 36) **8.** Komplexauge einer Fliege (Seite 10) **9.** Florfliegenei (Seite 17)

Glossar

Die hübsche südostasiatische Spitzkopfzikade bohrt mit ihrem Rüssel nach Baumsäften.

Chitin: Reißfester, aber biegsamer Stoff, aus dem die Außenhülle des Insektenkörpers besteht.

Entomologe: Aus dem Altgriechischen stammender Begriff für Insektenforscher.

Evolution: Die allmähliche Veränderung und Weiterentwicklung von Lebewesen über Generationen hinweg.

Exhaustor: Mit Plastikschläuchen und Gazestoff versehener Behälter zum schonenden Fang von Insekten.

Facette: Kleine Teilfläche eines größeren Gegenstands, zum Beispiel bei einem geschliffenen Edelstein.

Gliederfüßer: Sehr große Gruppe von Tieren, deren Körper in viele Abschnitte gegliedert ist und zu denen neben den Insekten auch Spinnen, Krebstiere und Tausendfüßer gehören.

Hämolymphe: Körperflüssigkeit, die Insekten statt Blut besitzen.

Kadaver: Überreste eines toten Tieres.

Köcher: Längliche Hülle, in der man Pfeile zum Bogenschießen aufbewahrt.

Kokon: Aus körpereigenen Stoffen hergestelltes Schutzgehäuse für Larven oder Eier.

Larve: Junges Insekt nach dem Schlüpfen, das dem ausgewachsenen Tier oft noch gar nicht ähnelt.

Metamorphose: Übersetzt »Umgestaltung«, speziell die Verwandlung von der Larve zum anders geformten erwachsenen Tier.

Nektar: Wässriger, zuckerhaltiger Saft, den viele Blüten bilden, um Insekten als Bestäuber anzulocken.

Neonicotinoide: Eine Gruppe für Insekten besonders giftiger Pflanzenschutzmittel, die vermutlich massiv zum Insektenschwund beitragen.

Nützlinge: Insekten oder andere Tiere, die Landwirte einsetzen, um Schädlinge umweltschonend zu bekämpfen.

Parasit: Schmarotzer, der sich vom Fleisch oder von den Körperflüssigkeiten anderer Lebewesen ernährt, von fremder Nahrung stibitzt oder seine Brut von anderen Tieren aufziehen lässt.

Parasitoid: Parasit, der sein Opfer am Ende tötet.

Pollen: Männliche Samenzellen von Blütenpflanzen, auch Blütenstaub genannt.

Puppe: Letzter Abschnitt der Entwicklung eines jungen Insekts, bei dem sich die Larve in eine Hülle zurückzieht und darin umgebaut wird.

Spezies: Anderer Begriff für eine biologische Art.

Stridulation: Erzeugung von Geräuschen, indem ein Tier bestimmte Körperteile aneinander reibt, zum Beispiel die Beine oder die Flügel.

Tracheen: Feinste Luftröhrchen, die den ganzen Insektenkörper durchziehen und der Atmung dienen.

Tropen: Feuchtheiße, besonders artenreiche Gebiete nördlich und südlich des Äquators.

Ultraviolettes Licht: Sehr energiereiche Form des Lichts, die unsere Augen nicht wahrnehmen können, manche Insekten jedoch schon.

Vegetation: Anderes Wort für Pflanzenwuchs.

Vererbungslehre: Wissenschaft, die untersucht, wie Lebewesen bestimmte Merkmale an ihre Nachkommen weitergeben.

Wirbeltier: Alle Tiere, die über ein inneres Skelett mit Wirbelsäule verfügen.

WAS IST WAS Band 30

Bildquellennachweis: **Alexandre Somavilla,** Manaus: 4u; **Archiv Tessloff:** 6or, 43or (Exhaustor); **Bundesministerium für Ernährung und Landwirtschaft (BMEL):** 43ur (Bio-Siegel); Europäische Kommission: 43ur (Bio-Siegel); **Kolb, Arno:** 8-9, 24mr; **Laska Grafix:** 3or, 6ul, 26-27, 35or; mauritius images: 11mm (blickwinkel/Alfred Schauhuber), 12or (The Natural History Museum/Alamy), 22ol (Lee Dalton/Alamy), 28ul (DP Wildlife Invertebrates/Alamy), 40or (United Archives), 41ul (Nigel Cattlin/Alamy); **Museum für Naturkunde Berlin:** 4om (Hwa Ja Götz); Nature Picture Library: 2or (Ingo Arndt), 7ol (Dietmar Nill), 7ur (Wüste: Richard Du Toit), 8ol (Mundwerkzeug: Ingo Arndt), 12ul (Solvin Zankl), 16or (Robert Thompson), 17ur (Photographer Wild Wonders of Europe/Zupanc), 18ol (James Dunbar), 19or (Nature Production), 20ol (Nick Garbutt), 21ur (Ingo Arndt), 24l (Konrad Wothe), 30ol (Ingo Arndt), 33ur (Lorraine Bennery), 41ur (Jabruson), 45or (Jane Burton), 46ul (Robert Thompson); **picture alliance:** 3ur (Fu Xinchun/Featurechina/ROPI), 5ml (blickwinkel/H. Duty), 5mr (blickwinkel/fotototo), 6ol (CAF/PAP), 7or (Schneefloh: blickwinkel/Hecker/Sauer), 8ol (Rüssel gerollt: blickwinkel/F. Hecker), 8um (Bein: blickwinkel/fotototo), 8ur (Patarino Gian Carlo/prismaonline), 10or (Wissen Media Verlag), 10um (blickwinkel/M. Lenke), 10ur (Arco Images/Sunbird Images), 11or (blickwinkel/F. Hecker), 13om (blickwinkel/A. Hartl), 13mm (Silberfischen: Sunbird Images/Arco Images), 14or (blickwinkel/F. Hecker), 15ur (STEPHEN DALTON/NHPA/photoshot), 15mr (blickwinkel/F. Hecker), 15or (Stephen Dalton/Minden Pictures), 17ul (Minden Pictures/Piotr Naskrecki), 17ol (blickwinkel/McPHOTO), 17or (B.Borrell/WILDLIFE), 21ml (Alan J. S. Weaving/ardea.com / Mary Evans Picture Library), 21um (F. Hecker/blickwinkel), 21mr (Klaus Jäkel/OKAPIA), 22ur (blickwinkel/P. Schuetz), 23ul (Mark Moffett/Minden Pictures), 23ur (Keystone Karl Grob/ZPress), 28or (STEPHEN DALTON/NHPA / photoshot), 28ur (blickwinkel/A. Hartl), 29um (J. Fieber/Arco Images), 29or (Thomas Marent/Minden Pictures), 30ul (Hinze, K./Arco Images GmbH), 31om (blickwinkel/F. Fox), 31 (Waldhaeusl/Arco Images GmbH), 32ol (David Peskens/natureinstock), 33ml (WILDLIFE/D.Harms), 33ol (blickwinkel/F. Hecker), 33om (blickwinkel/Hecker/Sauer), 33or (Sunbird Images/Arco Images GmbH), 34or (WILDLIFE/D.Harms), 34mm (blickwinkel/J. Kottmann), 36ol (Ingo Arndt/Minden Pictures), 36ur (M. Lenke), 36um (Piotr Naskrecki/Minden Pictures), 37ur (Insel: Jean-Paul Ferrero/ardea.com/Mary Evans Picture Library), 37mr (Hand: Tracey Nearmy/AAP), 37or (Steve Hopkin/ardea.com/Mary Evans Picture Library), 38ur (blickwinkel/A. Hartl), 38ur (Stephen Dalton/NHPA/photoshot), 38ul (WILDLIFE/F.Teigler), 39ol (blickwinkel/A. Hartl), 39ul (Ameisenlöwe: blickwinkel/H. Bellmann/F. Hecke), 39ur (Zikade: blickwinkel/H. Bellmann/F. Hecke), 40u (Westend61 / Martin Moxter), 40mr (Kjell-Arne Larsson/OKAPIA), 41mr (Fu Xinchun/Featurechina/ROPI), 42or (Andrea Warnecke), 43ol (O. Diez/Arco Images GmbH), 44ol (blickwinkel/M. Lenke), 45or (WILDLIFE/B.Stein), 45ul (J. C. Carton/Bruce Coleman/Photoshot), 46ur (blickwinkel/F. Hecker), 46ol (blickwinkel/F. Hecker), 47ul (Minden Pictures/Piotr Naskrecki), 47or (Alan J. S. Weaving / ardea.com/Mary Evans Picture Library), 47ml (blickwinkel/M. Lenke); **Senckenberg Museum:** 12ur (Dr. Burkhardt/UFT/Universität Bremen); **Shutterstock:** 1 (Wichien Tepsuttinun), 2ml (MURGVI), 2mr (ekawatchaow), 2ur (Hirschkäfer:), 3ol (Michael Potter11), 3ml (Michael Fitzsimmons), 5or (Chepko Danil Vitalevich), 5ul (YK), 7or (Gletscher: nullplus), 7ml (Giraffenhalskäfer: Dennis van de Water), 7ml (Regenwald: AustralianCamera), 7mr (Ameisenbau: chudoba), 7ul (Gelbrandkäfer: Martin Pelanek), 7mm (Hirschkäfer: Peter Fodor), 8or (Sebastian Janicki), 9ol (symbiot), 9ur (guraydere), 9or (Potapov Alexander), 10ol (MURGVI), 13um (Biene: pixelman), 13or (asawinimages), 13mr (Spinne: Tom Franks), 13ur (Krebs: Eric Isselee), 14ol (Paul Reeves Photography), 16l (Panaiotid), 16um (Andrew Skolnick), 18mr (Dennis van de Water), 19ul (ekawatchaow), 19ur (Evgeniy Melnikov), 20um (dadalia), 21ul (Zety Akhzar), 21om (Henrik Larsson), 23or (Anatolich), 23mm (Somboon Bunproy), 25or (AmyLv), 25mr (7th Son Studio), 25um (Termitenhügel: Byelikova Oksana), 28um (aabeele), 28-29Hg. (Rad Radu), 29ur (Michael Potter11), 29ol (ChinKC), 29ul (lkpro), 30-31Hg. (Calin Tatu), 30or (Michael Fitzsimmons), 30mr (John A. Anderson), 31um (Cosmin Manci), 31or (Rostislav Kralik), 31mm (JHVEPhoto), 32ur (Irina Kozorog), 32ul (Pavel Krasensky), 34ur (Sebastian Janicki), 34ul (chinahbzyg), 37ol (D. Kucharski K. Kucharska), 37ur (ajt), 38om (Pavel Krasensky), 38or (Andrea Mangoni), 39or (Zadiraka Evgenii), 39ur (Blattläuse: mattckaiser), 39mr (Blattwanze: Henri Koskinen), 39ul (Ameisenjungfer: alslutsky), 41or (Mykola Mazuryk), 41om (Andreas Altenburger), 42l (Vitaliy Hrabar), 43or (Ger Bosma Photos), 43um (Hand: David W. Leindecker), 44or (Diyana Dimitrova), 44ur (Eric Isselee), 45mm (Seidenstoff: Sergey Novikov), 45um (Kind: SimonVera), 45ur (Food: Cardaf), 46mm (aabeele), 46 (Lupe: Vitaly Korovin), 47mr (MURGVI), 47ol (AmyLv), 47ur (Zettel: Lyudmyla Kharlamova), 47 (Lupe: Vitaly Korovin), 48 (yod67); **Universität Bielefeld:** 3ul (CITEC), 44ul (CITEC); Wikipedia: 2um (CC BY-SA 3.0/Hcrepin), 15ul (CC BY-SA 3.0/Hcrepin), 37ml (PD); Wild Alexander: 11ur

Umschlagfotos: Shutterstock: U1 (nhungboon), U4 (Lamyai)

Gestaltung: independent Medien-Design

Copyright © 2018 TESSLOFF VERLAG,
Burgschmietstraße 2–4, 90419 Nürnberg

www.tessloff.com

Die Verbreitung dieses Buches oder von Teilen daraus durch Film, Funk oder Fernsehen, der Nachdruck, die fotomechanische Wiedergabe sowie die Einspeicherung in elektronische Systeme sind nur mit Genehmigung des Tessloff Verlages gestattet.

ISBN 978-3-7886-2108-7

MIX
Papier | Fördert gute Waldnutzung
FSC® C002795

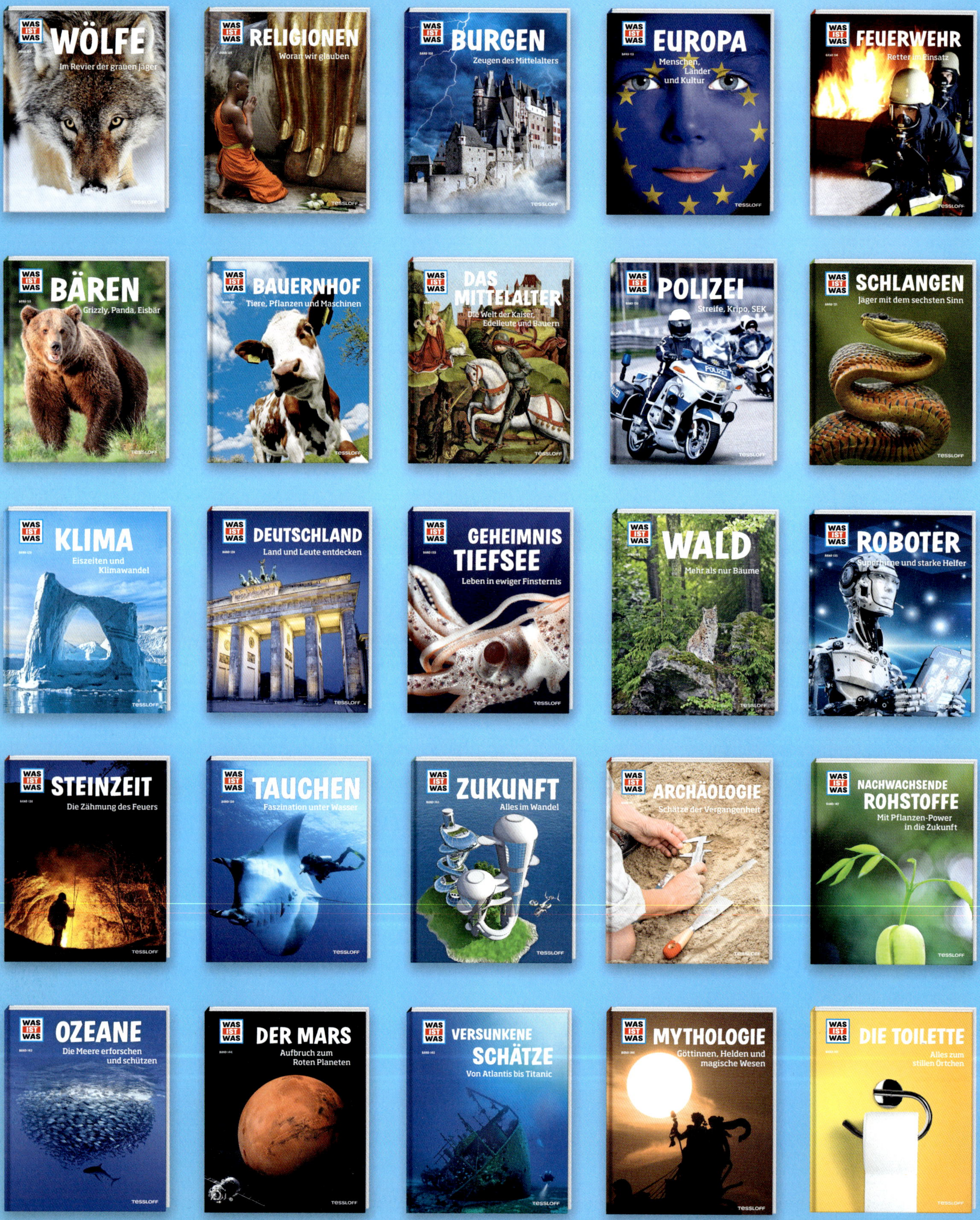

Die Reihe wird fortgesetzt.